Armin Fuhrer

Von Diktatur keine Spur?

Mythen und Fakten über die DDR

OLZOG

Bibliografische Information der Deutschen Nationalbibliothek

Die Deutsche Nationalbibliothek verzeichnet diese Publikation in der
Deutschen Nationalbibliografie;
detaillierte bibliografische Daten sind
im Internet über http://dnb.d-nb.de abrufbar.

ISBN 978-3-7892-8309-3
© 2009 Olzog Verlag GmbH, München
Internet: http://www.olzog.de

Redaktion: Christina Brock M. A., München
Umschlagentwurf: Atelier Versen, Bad Aibling
Satz: EDV-Fotosatz Huber/Verlagsservice G. Pfeifer, Germering
Druck- und Bindearbeiten: CPI – Ebner & Spiegel, Ulm
Printed in Germany

Inhalt

Einleitung: Die Wiederkehr der Ostschrippe

Berlin, Prenzlauer Berg: Jeden Samstagvormittag ist in einer Seitenstraße im trendigen Szeneviertel der Hauptstadt die gleiche Szene zu beobachten. Vor dem kleinen Bäckergeschäft bildet sich eine lange Schlange, manchmal fast dreißig Menschen. Sie warten geduldig, bis sie an der Reihe sind – gleich, ob bei Schneeregen oder in der prallen Sommersonne. Denn hier gibt es sie noch: die original Ostschrippe, gebacken in der eigenen Backstube nach altem DDR-Rezept. Das Publikum ist gemischt: Alte Männer mit grauen, strähnigen Haaren und Jacken aus Leder-Imitat, die aussehen wie Überbleibsel aus Erich Honeckers Partei- oder Erich Mielkes Stasi-Apparat, warten genauso geduldig wie Studenten, junge Väter mit kleinen Kindern oder schicke Frauen, die aus Westdeutschland zugezogen sind und auch am Wochenende rasch ins Büro müssen, um ein paar Kunden zu betreuen. Wer zwei Häuser weitergeht und seine Schrippen beim türkischen Bäcker kauft, sieht sich bei der Rückkehr durchaus manch kritischem Blick ausgesetzt.

Szenenwechsel. Im März 2009 steht an einem Montagmorgen das Telefon bei der Landesbeauftragten für die Stasi-Unterlagen in Schwerin nicht still. Die Anrufer sind aufgewühlt, empört, ja, einige haben sogar Angst. Was ist geschehen? Mecklenburg-Vorpommerns Ministerpräsident Erwin Sellering hatte einer Wochenzeitung ein Interview gegeben, in dem er die These ablehnte, die DDR sei ein Unrechtsstaat gewesen. Auszüge des Gesprächs waren am Samstag, just als die Ostschrippe im Ortsteil Prenzlauer Berg reihenweise über die Ladentheke ging, vorab verbreitet worden. Äußerungen wie die, dass es in der DDR lediglich einen „Schuss Willkür" gegeben habe – angesichts der erschossenen Flüchtlinge an der Mauer eine denkbar unglückliche Formulierung – wirken vor allem auf jene Menschen, die im „Arbeiter- und Bauernstaat" aus politischen Gründen im Gefängnis saßen, verfolgt wurden oder nicht studieren durften, weil sie aus einem christlich-geprägten Elternhaus kommen, wie ein Schlag ins Gesicht. Sie müssen ihrem Unmut Ausdruck ver-

leihen und tun dies bei der Stasi-Beauftragten. Sonst hört sie ja
fast niemand mehr.

Ob die original Ostschrippe nun besser schmeckt als das heiß-
luftgebackene, deutlich größere Brötchen, kann jeder nach seinem eigenen Geschmack entscheiden. Die langen Wartezeiten
von teilweise bis zu 30 Minuten vor dem samstäglichen Früh-
stück rechtfertigen den Unterschied aber wohl kaum. So scheint
der Andrang auf die Ostschrippe im Kleinen für eine Entwicklung zu stehen, die wir ausgerechnet im 20. Jahr der Revolution
von 1989 im Großen erleben: die Rückkehr der DDR. Egal ob
aus eigenem Erleben oder aus lustigen Filmen und Retro-Shows
– immer mehr Menschen, vor allem in Berlin und den neuen
Bundesländern (aber nicht nur), erscheint nach verschiedenen
Umfragen die untergegangene zweite deutsche Diktatur heute
zunehmend wie ein soziales Paradies mit zahlreichen bewahrens-
werten „Errungenschaften": mit skurrilen oder auch liebenswer-
ten Eigenarten und einem System, in dem alle gleich und hochge-
bildet waren, in einer sauberen Umwelt lebten und Ärger mit
dem lustigen alten Staatschef Erich Honecker nur der bekam, der
aufmuckte. Ein Staat, der die bösen Seiten deutscher Nazi-Ge-
schichte vollkommen ausgemerzt hatte. Selbst die Ostschrippe
symbolisiert im Kleinen bei vielen ihrer Käufer – wohl eher un-
bewusst – eine solche „Errungenschaft".

Die sich empörenden DDR-Opfer zeigen eine zweite Entwicklung auf: Sie werden in der Öffentlichkeit kaum noch wahrge-
nommen. Klar, Politiker melden sich noch zu Wort, die die DDR
als Diktatur geißeln; Historiker weisen darauf hin, dass es die
Mauer, die Stasi und die SED mit ihrem totalitären Verfügungs-
anspruch über die Menschen gegeben hat. Die Opfer will kaum
noch jemand hören. Sie gelten als ewige Dauernörgler und
Schlechtredner. Bei vielen Menschen in den neuen Ländern, auch
solchen, die nicht zur Funktionärsschicht in der DDR gehörten,
hat sich längst eine Meinung breitgemacht: Haben die nicht
selbst schuld gehabt, wenn sie im Gefängnis gelandet sind, weil
sie ausreisen oder auch nur ihre Meinung frei äußern wollten?
Haben die nicht gewusst, dass sie ihr Hab und Gut zurücklassen

müssen, wenn sie ihre Heimat gen Westen verlassen? Haben sie
ihren Tod nicht in Kauf genommen, wenn sie versucht haben,
über die Mauer mit ihren Selbstschussanlagen und den Grenzsoldaten, die darauf getrimmt waren, „Republikflüchtlinge" zu „vernichten", in den Westen zu entkommen?

Die DDR kehrt zurück, und der Zeitpunkt im Jahre 2009 ist
kein Zufall. Vor allem seit der westliche Kapitalismus und die Soziale Marktwirtschaft als seine typisch bundesrepublikanische
Ausprägung infolge der globalen Finanzmarktkrise in Turbulen-
zen geraten sind, erscheinen die DDR und der in ihr herrschende
Sozialismus immer mehr Menschen als eine Alternative. Während das totale Scheitern der Planwirtschaft verdrängt wird, werden die angeblichen sozialen Vorteile schöngeredet. Keine Frage,
das kapitalistische System steckt in einer Krise. Aber genauso klar
sein muss auch: Der Kapitalismus hat ein Problem – der Sozialismus war selbst das Problem. Ein Blick auf die in der DDR herrschenden Realitäten, auf die Fakten, die ihr gesellschaftliches, politisches und wirtschaftliches System prägten, können rasch viele
Missdeutungen zurechtrücken.

Die Diskussion über die DDR ist indes auf eine schiefe Bahn
geraten, ja, sie hat teilweise groteske Züge angenommen. Kritik
an der ideologischen Ausrichtung der SED mit ihren Auswirkun-
gen im alltäglichen Leben der Menschen (wie die Militarisierung
des Bildungswesens, in dem schon Dreijährige in Kasernen der
Nationalen Volksarmee geführt wurden), gelten als „holzschnitt-
artig". Warum eigentlich? Gerade wenn das angeblich so gute Bildungssystem als Vorbild für die Gegenwart gefeiert wird, müssen
doch auch die Schattenseiten Erwähnung finden. Wer das kritisiert, kann scheinbar mit einem offenen Meinungsdiskurs nicht
viel anfangen. Er will dann nicht das bessere Schulsystem für seine Kinder, sondern seine ideologische Sichtweise durchsetzen.

Der gewichtigere Vorwurf ist aber ein anderer, der zugleich ein
Totschlagsargument ist und jede weitere Diskussion mit einem
Tabu belegen soll: Wer die DDR kritisiere, entwürdige damit
gleichzeitig die Biografien und die Lebensleistungen der Menschen, die in ihr gelebt haben. Schon seit die PDS Anfang der

Neunzigerjahre die „Komitees für Gerechtigkeit" gegründet hat,
steht dieser Vorwurf im Raum. Noch heute wird er am lautesten
von denen formuliert, die wie die Stasi-Generäle oder der letzte
nicht frei gewählte Ministerpräsident Hans Modrow halfen, das
Volk zu unterdrücken, und viele um ihr Leben oder ihre Lebens-
chancen betrogen. Im Laufe der Jahre fand diese eigentlich ma-
kabre These immer mehr Anhänger – bis weit in die Kreise der
ostdeutschen Christdemokraten (deren Mitglieder ja zum Teil
selbst als einstige Angehörige der Blockpartei CDU zu den Be-
günstigten des Systems gehörten). Deshalb ist diese These noch
lange nicht richtig, sie ist sogar grundfalsch. Denn es ist das eine,
das Unterdrückungssystem, das die DDR unstreitig war, zu kriti-
sieren, und etwas völlig anderes, über die Menschen, die in ihm
lebten, zu berichten oder zu „urteilen". Wer die Staatssicherheit,
die Mauer oder die Unterdrückung der Meinungsfreiheit an-
prangert, kritisiert damit in keiner Weise die Menschen. Ganz im
Gegenteil: Er erkennt gerade an, dass diese unter bedrückenden
Umständen versuchen mussten, möglichst aufrecht durch ihr Leben zu gehen, ohne sich allzu sehr zu verbiegen. Und er erkennt
damit auch gerade an, dass das Leben in diesem System, vor allem in der völlig versagenden Planwirtschaft, zweifellos nicht so
funktioniert hätte, hätte es nicht trotz allem Menschen gegeben,
die sich einsetzten, Leistungen erbrachten, Erfindungsreichtum
an den Tag legten. Schließlich: Wer die SED und ihren auf Unterdrückung aufgebauten Allmachtsanspruch kritisiert, kritisiert
damit noch lange nicht die große Masse der eher unpolitischen
Menschen, weil sie sich ihr Leben in der Diktatur so gut einrich-
teten, wie es nun einmal ging.

Das gilt natürlich auch für den Alltag. Dass die Menschen in der
SED-Diktatur, die – wie zu zeigen sein wird – bis weit in den alltäglichen Bereich eines jeden reichte, ständig bedrückt und un-
glücklich durch die Gegend gelaufen seien, wäre eine absurde Behauptung. Die Menschen in der DDR haben gelacht und geweint,
getanzt, geliebt, gehasst. Sie haben geheiratet und ihre Angehörigen beerdigt. Sie hatten Phasen des Glücks und des Leids, sie hatten Hobbys, haben sich für Sport interessiert und sonntägliche

Ausflüge mit ihrer Familie gemacht. Nur – was sagt das über den Charakter des politischen Systems als Diktatur aus? Nichts. Denn all das haben die Menschen im „Dritten Reich" auch getan. Darf man die Zeit von 1933 bis 1945 deshalb nicht als Diktatur bezeichnen? Die Behauptung, die DDR-Kritiker wollten den Ostdeutschen ihr alltägliches Leben nachträglich mies machen, ist eine Erfindung der PDS (später Die Linkspartei, heute Die Linke) aus den Neunzigerjahren, die anschließend aus der Zurückweisung dieses von ihr unterstellten Vorwurfs politisches Kapital schlagen wollte. Diese Taktik hat in der Vergangenheit durchaus funktioniert, sodass derzeit immer mehr Politiker anderer Parteien auf diesen Zug aufspringen. Es gelang der 1989 in Partei des Demokratischen Sozialismus (PDS) umgetauften SED, daraus einen Ost-West-Konflikt zu konstruieren. Wenn Westdeutsche heute über das Leben in der DDR reden, gilt dies als „Anmaßung". Freilich nur, wenn sie sich kritisch äußern. Wenn sich Politiker wie der SPD-Mann Sellering oder Bodo Ramelow, Stellvertreter Fraktionsvorsitzender der Linken im Bundestag, positiv äußern, wird dagegen gerne in Kauf genommen, dass sie Westdeutsche sind und erst seit den Neunzigerjahren in den neuen Ländern leben. Doch gerade zu einer „fairen" Beurteilung der DDR, die immer wieder gefordert wird, gehört auch, die Schattenseiten des Systems offen zu benennen. Sie reichten bis weit in den Alltag der Menschen hinein, was heute gerne vergessen oder unterschlagen wird. Dazu gehörten Mangelwirtschaft mit Schlange stehen vor den Konsum-Läden ebenso wie Presse-Zensur, Reiseverbot ins „nichtsozialistische" Ausland, Fahnenappell in der Schule und Gesundheitsgefährdungen durch eine völlig verseuchte Umwelt – um nur einiges zu nennen. Niemand kann über die Lebenswirklichkeit der Menschen reden, der nicht über diese Erscheinungen spricht.

Dass Kritik an der Diktatur heute von vielen Ostdeutschen als Kritik an ihrem damaligen Leben missverstanden wird, ist umso erstaunlicher, als es die Ostdeutschen selbst waren, die im Herbst 1989 heldenhaft und friedlich dieses System hinwegfegten. Warum eigentlich hätte es zur Revolution kommen sollen, wenn es die heute von interessierten politischen Kreisen behauptete Identität

zwischen politischem System und Volk gegeben hätte? Denn nichts
anderes behauptet ja, wer Kritik am ersten mit Kritik am zweiten
gleichsetzt. Übrigens ist es ratsam, genau auf die Begriffe zu ach-
ten, die heute oftmals gebraucht werden und zur unterschwelligen
Verharmlosung des SED-Regimes beitragen. So werden die Mauer
mit den Toten, das menschenverachtende Wirken des Ministeriums für Staatssicherheit (MfS, „Stasi") oder die faktische Einpar-
teienherrschaft unter Führung einer kleinen Führungsriege als
„demokratische Defizite" bezeichnet, obwohl sie typische Merk-
male einer Diktatur sind. Ebenso ist häufig vom „legitimen Versuch" die Rede, nach 1945 einen sozialistischen deutschen Staat
aufzubauen, und es wird vor der „Delegitimierung der DDR" ge-
warnt. Es bleibt aber die Frage: Wer eigentlich sollte diesen Versuch
legitimiert haben und wer die DDR? Bei den freien Wahlen 1946
im damals noch vereinten Groß-Berlin erhielt die gerade aus SPD
und KPD zwangsgebildete Sozialistische Einheitspartei Deutschlands (SED) gerade einmal ein Fünftel der Stimmen. Dreimal
nahm sich in den nächsten Jahrzehnten das Volk gegen die Machthaber das Recht, mit den Füßen „abzustimmen": 1945 bis 1961, als
mehr als 3 Millionen Menschen in den Westen flohen, 1953 beim
Volksaufstand vom 17. Juni und im Herbst 1989. Jedes Mal war
das Ergebnis für die SED niederschmetternd. In der Bundesrepublik entschied sich bei der ersten Bundestagswahl 1949 hingegen
eine übergroße Mehrheit unter der Voraussetzung freier Wahl-
möglichkeiten für Demokratie und Soziale Marktwirtschaft. Wo
und wann die DDR und der Aufbau eines sozialistischen Staates
„legitimiert" wurden, bleibt daher das Geheimnis derer, die das behaupten. Vorsicht sollte auch bei dem gerne gebrauchten Argument walten, die DDR könne schon deshalb nicht als „Unrechtsstaat" bezeichnet werden, weil es diesen Begriff juristisch (anders
als den des Rechtsstaates) nicht gebe. Dabei handelt es sich um eine
verschleiernde und verharmlosende formaljuristische Argumentation, die in der Tradition von Stasi und DDR-Justiz steht. Denn gerade diejenigen, die diese These aufstellen, wenden den Begriff
„Unrechtsstaat" mit Blick auf die Nazi-Diktatur völlig zu Recht an.
Konsequenterweise dürfte man ihn dann für das „Dritte Reich"

auch nicht mehr anwenden und könnte von ihm bestenfalls als „Nicht-Rechtsstaat" sprechen. Eine absurde Vorstellung.

Fühlen sich viele Ostdeutsche persönlich durch Kritik an der DDR-Diktatur angegriffen, so gehen sie heute auf einem anderen Feld in die Offensive – und finden durchaus Gesinnungsfreunde im Westen. Gerade in der aktuellen Diskussion über die Finanzkrise verweisen sie mit zunehmendem Stolz auf die „sozialistischen Errungenschaften", die die DDR angeblich zutage gebracht hat. Vor allem im sozialen Bereich werden diese hochgehalten: das „Recht auf Arbeit", die Gleichberechtigung der Frau, das Bildungs- oder das Gesundheitssystem. Mit der Realität im real existierenden Sozialismus hat das in den allermeisten Fällen nichts zu tun. Diese Diskussion dreht sich oftmals um ein Land, das es nie gegeben hat. Das geschieht teils bewusst aus politischer Motivation heraus, teils aus purer Unwissenheit. Ein paar Beispiele: Wer weiß heute noch, dass die Quote der Schulabbrecher in der DDR trotz des angeblich so guten Bildungssystems deutlich höher war, als bei den 15- bis 17-Jährigen in der heutigen Bundesrepublik (in der es zudem eine wachsende Zahl von Schülern aus bildungsfernen Familien mit Migrationshintergrund gibt, die die DDR nicht kannte)? Wer denkt heute daran, dass es in der DDR zwar keine offizielle, wohl aber eine verdeckte Arbeitslosigkeit von mindestens 16 Prozent gab? Dass der überwiegende Teil der Rentner unterhalb der Armutsgrenze lebte? Und dass man auf ein Auto der Marke „Trabant" 14 Jahre warten musste – und auf einen neuen Reifen ein Jahr? Nicht klar ist zudem vielen Verfechtern der vom Staat finanzierten „sozialistischen Errungenschaften", dass sie der Grund für den gänzlichen Zusammenbruch der DDR-Wirtschaft waren. Man muss sich nur einmal klar machen, dass jeder DDR-Bürger trotz des deutlich niedrigeren Lebensstandards dramatisch über seine Verhältnisse gelebt hat, denn selbst der bescheidene Wohlstand überforderte die finanziellen Möglichkeiten des Staates in hohem Maße. Dann erkennt man, wie absurd die Darstellung der DDR und ihrer „sozialistischen Errungenschaften" als Alternative zur Sozialen Marktwirtschaft ist – trotz deren unübersehbaren Krisenerscheinungen.

Noch eine andere Vorstellung kann dies veranschaulichen. Was würde eigentlich passieren, wenn man nach DDR-Vorbild das von vielen heute hochgehaltene „Recht auf Arbeit" in das Grundgesetz schreiben würde? Aus gutem Grund verschweigen die DDR-Apologeten, dass die (für die SED viel wichtigere) Kehrseite der Medaille die Pflicht zur Arbeit war. Man stelle sich vor, aufgrund der neuen Grundgesetzbestimmung müssten Heerscharen von Langzeitarbeitslosen wieder in Lohn und Brot gebracht werden … Und wer sich partout weigerte, liefe Gefahr – ebenfalls nach DDR-Vorbild – als „Bummelant" strafrechtlich verfolgt zu werden.

In diesem Buch geht es zuallererst um diese Mythen, die sich seit einiger Zeit um die DDR bilden. An verschiedenen Stellen wird auf den Unterschied zwischen dem Anspruch der Staatspartei SED und der Wirklichkeit einer Verweigerungshaltung vieler DDR-Bürger hingewiesen. Der Alltag und die Lebenswirklichkeit der Menschen sind aber insgesamt eher ein Randaspekt. Das Buch soll ein Beitrag zur aktuellen Diskussion um die „Vorzüge" des DDR-Systems sein. Häufig vergessene Fakten werden sich ausbreitenden Mythen gegenübergestellt. Quellen sind daher nicht persönliche Erinnerungen ehemaliger DDR-Bürger, sondern Tatsachen aus dem politischen und Daten aus dem Wirtschafts- und Sozialsystem. Man muss zur Heranziehung dieses Materials wie der Autor nicht in der DDR gelebt haben, sondern nur in der Lage sein, Quellen, Daten und wissenschaftliche Analysen zu lesen. Das Buch selbst erhebt indes keinen wissenschaftlichen Anspruch, sondern richtet sich an breite Leserschichten, die sich in komprimierter Form über die DDR informieren wollen. Dieses Buch ist auch kein Nachschlagewerk oder Lexikon. Es geht nicht auf Themen ein, die völlig unstrittig sind – wie die Pressezensur oder die eingeschränkte Reisefreiheit. Auf Fußnoten wird aus Gründen der Lesbarkeit verzichtet. Wer weiterführende Literatur sucht, findet diese im Anhang.

Schwieriger als die Widerlegung falscher Thesen mit harten Fakten wäre dagegen die Auseinandersetzung mit der häufig formulierten Behauptung, in der DDR sei der Zusammenhalt zwischen den Menschen viel größer gewesen als im Westen. Naturgemäß können hierzu keine Fakten herangezogen werden, handelt es sich bei dem Thema doch um rein gefühlsmäßige Empfindungen. Doch ist auch bei dieser massenhaften subjektiven Erinnerung große Vorsicht geboten. Einmal abgesehen von den laut Hubertus Knabe 600.000 Inoffiziellen Mitarbeitern (IM), die in 40 Jahren DDR ihre Verwandten, Ehepartner, Arbeitskollegen und Freunde ausspioniert, und den zahlreichen Funktionären, die den DDR-Bürgern das Leben schwer gemacht haben, basiert dieser angeblich größere Zusammenhalt ja auf einer Grundvoraussetzung, die es im Westen gar nicht gab. Die DDR war im Gegensatz zur Bundesrepublik eine Mangelwirtschaft, die die Leute zum Tauschhandel zwang. Wenn beispielsweise jemand aufgrund seiner beruflichen Tätigkeit Autoreifen beschaffen konnte, hatte er eine große Liste von Interessenten, die ihm gerne dafür den Abfluss reinigten, das Dach reparierten oder Lebensmittel besorgten, die man nur selten bekam. Das war in der Bundesrepublik nicht nötig – hier konnte man das alles kaufen. Was hier als „Zusammenhalt" verklärt wird, ist in Wahrheit nichts anderes als aus der Not geborene Schwarzarbeit, also Schwarzmarkt. Auf eine Auseinandersetzung mit diesem Themenkomplex wird aufgrund der mangelnden Nachprüfbarkeit verzichtet.

Aufklärung scheint wichtig, denn Untersuchungen wie die von Klaus Schroeder und Monika Deutz-Schroeder vom Forschungsverbund SED-Staat der Freien Universität Berlin, die Tausende Schüler in Ost und West zu ihrem Wissen über und ihrem Bild von der DDR befragt haben, zeigen: Je mehr Wissen über die SED-Diktatur vorhanden ist, umso kritischer die Sichtweise. Schließlich handelt es sich dabei nicht um eine theoretische, rein historische Frage. Das Bild, das wir von der DDR haben, ist in den nächsten Jahrzehnten mitentscheidend über die Entwicklung des politischen, wirtschaftlichen und gesellschaftlichen Systems Deutschlands. Wenn laut der FU-Studie 48,6 Prozent der Schüler finden, dass die DDR keine Diktatur war, also faktisch den Unterschied zwischen einer Demokratie und einer Diktatur

nicht mehr kennen, und auch über harte Fakten jenseits von
Schönrednerei und Verklärung oftmals eine erschreckende Un-
kenntnis zeigen, müssen alle demokratischen Alarmglocken laut
schrillen. Schließlich sind es diese Schüler, die in wenigen Jahrzehnten an den Schaltstellen von Politik, Wirtschaft und Gesellschaft sitzen.

Darüber, dass die DDR eine Diktatur war und die SED einen
totalitären Machtanspruch über die Bürger erhob, kann und darf
kein Zweifel bestehen. Ebenso wenig darf sich die Demokratie
ein Vergleichsverbot zwischen dem SED-Staat und dem „Dritten
Reich" von denjenigen aufzwingen lassen, die davon politisch
profitieren wollen. Es gab zwei Diktaturen auf deutschem Boden,
die man mit gutem Recht vergleichen kann. Ein Vergleich bedeutet indes nicht Gleichsetzung. Er wird strukturelle und auch
ideologische Ähnlichkeiten zutage fördern, ebenso wie Unterschiede zwischen den beiden Diktaturen. Er wird die Einmalig-
keit der NS-Diktatur belegen, aber er wird auch zeigen, dass das
SED-Regime nicht zu verharmlosen ist, nur weil es ein anderes,
noch weitaus schlimmeres Regime in Deutschland gegeben hat.

1. Repression

1.1 Diktatur des Proletariats mit totalitären Zügen

Dass die DDR eine Diktatur war, wird von Wissenschaftlern nicht ernsthaft angezweifelt. Bis zu Teilen der deutschen Bevölkerung – vor allem in den neuen Bundesländern – scheint diese Erkenntnis indes nicht durchgedrungen zu sein. Anders ist nicht zu erklären, dass hier mehr als 40 Prozent der Schüler das politische System der DDR im Vergleich zur Bundesrepublik als besser oder gleich einschätzen. Hier scheint die Kausalkette eindeutig: Während die Medien kaum einen Zweifel am Diktaturcharakter lassen, dürften die jungen Leute ihr „Wissen" von ihren Eltern haben (also dem Teil der ehemaligen DDR-Bevölkerung, der zum Beispiel als Mitglied des bevorzugten Funktionärsapparates Vorteile genoss) oder von ihren ehemals systemtreuen Lehrern, die zum allergrößten Teil nach der Wende im Schuldienst verblieben. Oder sie wissen gar nichts und bekommen vor allem die Unterscheidungsmerkmale zwischen einer Demokratie und einer Diktatur nicht mehr beigebracht.

*

Nach der Logik der SED hätte eigentlich Erich Honecker der klügste Mann der DDR sein müssen. Dies wörtlich zu behaupten schien zwar offenbar selbst der Propaganda zu viel des Guten, doch ein Blick auf die theoretischen Grundlagen der Partei legt diese Einschätzung nahe. Die SED verstand sich als „Avantgarde der Arbeiterklasse", was vor allem bedeutete, dass sie nach ihrer Selbsteinschätzung am besten wusste, was für diese gut sei. Mit der Formulierung des sogenannten Erkenntnismonopols unterstellte sie in arroganter Selbstüberschätzung der Bevölkerung letztendlich, zu dumm zu sein, um über ihre eigene Zukunft bestimmen zu können. Nicht umsonst behauptete sie ja selbst: „Die Partei hat immer recht." Nur sie könne die „historische Mission" erfüllen, zunächst den Sozialismus und später den Kommunismus zu verwirklichen. Sie sah sich selbst als die Trägerin der „wissenschaftlichen Weltanschauung", die schließlich zu diesem Ziele führe.

Doch es gab auch innerhalb der Parteimitgliedschaft Abstufungen. Das richtige sozialistische Bewusstsein, also die Erkenntnis des richtigen Weges beim angepeilten Aufbau des Sozialismus entwickelte sich demnach praktisch mit dem Aufstieg innerhalb der Funktionärsebenen. Und das höchste Bewusstsein, die größte Erkenntnis attestierte die Parteiführung sich selbst. „Höher, weiter, besser" – ganz oben stand Parteichef Erich Honecker, dem damit automatisch die höchste Stufe der Unfehlbarkeit zugebilligt wurde.

Zweifel konnten die Partei nicht stoppen. Neben dem beanspruchten „Erkenntnismonopol" besaß sie nämlich auch das unbedingte Führungsmonopol, das sie auf verschiedenen Wegen durchsetzte. Es gab keine Gewaltenteilung, keine wirkliche Volksvertretung, keine legale Opposition, keine unabhängige Justiz – dafür aber staatliche Repression und eine Gleichschaltung aller staatlichen und gesellschaftlichen Organe und Organisationen mit der SED. Die DDR war also zweifelsohne eine Diktatur. Aufgrund der alles beherrschenden Macht der Partei wird sie zu Recht „SED-Diktatur" genannt.

Zugleich hatte die Partei den Anspruch, einen „neuen Menschen" beziehungsweise eine „sozialistische Persönlichkeit" zu schaffen. In Fällen, in denen sie auf Widerspruch stieß, setzte sie das ihr zu Verfügung stehende Repressionsinstrumentarium (in erster Linie das Ministerium für Staatssicherheit) ein. Doch vorher hatte sie eine ganze Reihe anderer Möglichkeiten, umfassend auf die Bürger der DDR Einfluss zu nehmen. Es kam zu einer weitgehenden Durchpolitisierung aller Lebensbereiche. Die SED setzte über verschiedene Massenorganisationen wie die Freie Deutsche Jugend (FDJ) eine weitgehende Kollektivierung der Gesellschaft durch, in der die Belange des Individuums wenig zählten. Am stärksten galt das für SED-Mitglieder selbst, die auf Parteitreffen über intime Dinge wie Ehe- oder Alkoholprobleme Rede und Antwort stehen mussten (was für die anderen Genossen oftmals eine willkommene Abwechslung zum sonst öden Parteialltag mit seinen ewigen gleichen Verlautbarungen und schematischen Abläufen war). Diese Vergesellschaftung des Einzelnen wurde auf anderen Ebenen massiv begleitet, so zum Beispiel im Erziehungsbereich, der den „sozialistischen Menschen" von Kindesbeinen an formen sollte, weshalb auch von einer „Erziehungsdiktatur" gesprochen wird. Auch Kultur und Massenmedien hatten der Partei zu dienen. Nicht nur der Machtanspruch, sondern auch der Anspruch der SED auf die Formung ihrer Untertanen zur „sozialistischen Persönlichkeit" war total. Allerdings gelang es ihr nicht, ihn völlig durchzusetzen, weil sich kritische Teile der Gesellschaft in Nischen zurückzogen. Andere entzogen sich durch passive Teilnahme den Erziehungsmaßnahmen zumindest innerlich, aber für viele gehörte der ständige Eingriff des Staates in die Freizeit umso mehr zum Alltag, desto länger die DDR existierte. Zweifellos aber hatte die DDR nicht nur den Charakter einer Diktatur, sondern zeigte auch deutliche Züge eines totalitären Systems, welches alle Lebensbereiche ideologisch durchdrang.

Die SED stand im Mittelpunkt des Staates und seiner Strukturen, sie war gleichsam ihr „Knochengerüst" (Stefan Wolle). Entstanden 1946 aus der Zwangsvereinigung von KPD und SPD legte sie es mithilfe der sowjetischen Besatzungsmacht von Anfang an darauf an, die ungeteilte Macht zu erlangen. Spätestens seit 1952, also schon kurz nach Gründung der DDR, war ihr dies auch gelungen. Es spiegelte nur noch die seit Jahren bestehenden Machtverhältnisse wider, als die neugeschriebene Verfassung der DDR im Jahr 1968 in Artikel 1, Absatz 1, die Stellung der Partei heraushob: „Die Deutsche Demokratische Republik ist ein sozialistischer Staat deutscher Nation. Sie ist die politische Organisation der Werktätigen in Stadt und Land, die gemeinsam unter Führung der Arbeiterklasse und ihrer marxistisch-leninistischen Partei den Sozialismus verwirklicht." Im Rahmen des „demokratischen Zentralismus" war die Partei strikt von oben nach unten organisiert. In der Nomenklatur wurde festgelegt, welche Person für welche Position von der jeweils höheren Parteiebene eingesetzt werden konnte und sollte. Diese Kader wurden nicht in erster Linie nach fachlicher Qualität ausgesucht, sondern nach Treue zur Partei und nach politischer Zuverlässigkeit. Das hatte zur Folge, dass die DDR in weiten Teilen ihrer Funktionärsebene auch eine Diktatur des Mittelmaßes war, denn die SED wirkte bei der Auswahl der Kader in allen Bereichen des Staates und der Gesellschaft (außer bei den Kirchen) führend mit. Schließlich hatte schon Stalin gewusst: „Die Kader bestimmen alles."

Präsent waren Untergliederungen der Partei auf drei Ebenen: in den Betrieben (für Mitglieder ohne Anstellung, also zum Beispiel Rentner auch im Wohnbereich), auf Kreisebene und schließlich auf Bezirksebene. Damit war gesichert, dass es parallel zur Struktur der Gesellschaft überall auch eine Parteiorganisation gab.

Höchstes Organ war formell der Parteitag. Mitsprache hatten die zuletzt mehr als 2500 völlig einflusslosen Delegierten allerdings in der Realität nicht. Sie gaben nur den Rahmen her, um den demokratischen Schein zu wahren. Das Verhältnis der monströs in Szene gesetzten Parteitage zur ihrer tatsächlichen Bedeutung stand in einem krassen Missverhältnis. Die Parteiführung bestand aus dem Zentralkomitee (ZK) und dessen Sekretariat, dem Politbüro und an dessen Spitze dem Generalsekretär. Das Politbüro war für die politische Arbeit zwischen den Parteitagen zuständig. In ihm waren die wichtigsten Funktionäre der wichtigsten Organe der DDR vertreten, sodass das Politbüro eine stabile Machtbasis hatte. Die eigentliche Macht aber besaß der Generalsekretär (bis 1971 Walter Ulbricht, dann bis 1989 Erich Honecker), der um sich herum einen kleinen Zirkel von wichtigen und vertrauten Politbüro-Mitgliedern bildete. Im Zentralkomitee waren weit über 100 Spitzenkader aus Staatsorganen, Vereinigungen oder großen Wirtschaftsbetrieben vertreten. Es bildete ein Sekretariat, das für die Ausführung der Beschlüsse des Politbüros sowie die Anleitung und Kontrolle der Partei sorgte. Die Führungsorgane der Partei waren bis auf Ausnahmen, vor allem in den letzten Jahren der DDR, mit vorwiegend alten Männern besetzt. Frauen waren in ihnen bis auf sehr wenige Ausnahmen nicht vertreten. Da die Parteiführung grundsätzlich jedem misstraute, wurde schon 1948 eine Zentrale Parteikontrollkommission (ZPKK) gegründet, die gegen Kritiker und „Abweichlertum" in den eigenen Reihen vorging und für „Selbstkritik", Bestrafung oder Ausschluss sorgte.

Die SED konnte ihre Macht so lange aufrechterhalten, wie sie sich auf eine treu dienende Funktionärsschicht in Partei, Staat und Gesellschaft stützen konnte. Diese bestand aus 300.000 bis 400.000 Mitgliedern, was einen Anteil von etwa 3 Prozent der erwachsenen DDR-Bürger ausmachte. Sie erhielten auf vielen politischen, wirtschaftlichen und sozialen Gebieten zahlreiche Vergünstigungen, die in einer Mangelwirtschaft wie der DDR das alltägliche Leben sehr erleichtern konnten, und sie waren in der selbst ernannten klassenlosen Gesellschaft die tatsächliche Elite.

Die SED hatte zum Ende der DDR etwa 2,3 Millionen Mitglieder, damit war also fast jeder fünfte erwachsene DDR-Bürger in der Partei organisiert. Die Motivation für einen Eintritt konnte unterschiedlich sein. Da gab es die überzeugten Sozialisten, die der Partei kritiklos gegenüberstanden und ihr auf allen Wegen folgten – auch wenn sie heute das Gegenteil von dem behaupten, was sie gestern noch vehement vertreten hatten. Es gab aber auch zahlreiche Mitglieder, die eintraten, um für ihr berufliches Fortkommen Vorteile zu erlangen, denn eine Parteimitgliedschaft war bei jeder angestrebten Beförderung oder Bewerbung sehr hilfreich. Seit den Siebzigerjahren wurde niemand mehr gezwungen, SED-Mitglied zu werden. Aber die Mitgliedschaft war sehr beliebt – Mitte der Achtzigerjahre beispielsweise mussten viele potenzielle Parteimitglieder das tun, was ohnehin zu ihrem Alltag als DDR-Bürger gehörte: für die Parteimitgliedschaft Schlange stehen. Denn weil die SED sich ja selbst als „Avantgarde der Arbeiterklasse" sah, nahm sie auch längst nicht jeden Bewerber auf, sodass bei der Anwärterschaft lange Warteschlangen entstanden. Bei der Zusammensetzung der Parteimitgliedschaft musste die Führung heftige Verrenkungen machen, um behaupten zu können, die SED sei eine Arbeiter- und Bauernpartei. Sie wertete Angestelltenberufe wie Friseure ebenso als „Arbeiter" wie alle hauptamtlichen Mitarbeiter der Partei und der Sicherheitsapparate wie des Ministeriums für Staatssicherheit und der Nationalen Volksarmee. Ech-

Schaubild: Politische Führung durch die SED bei Gewalteneinheit

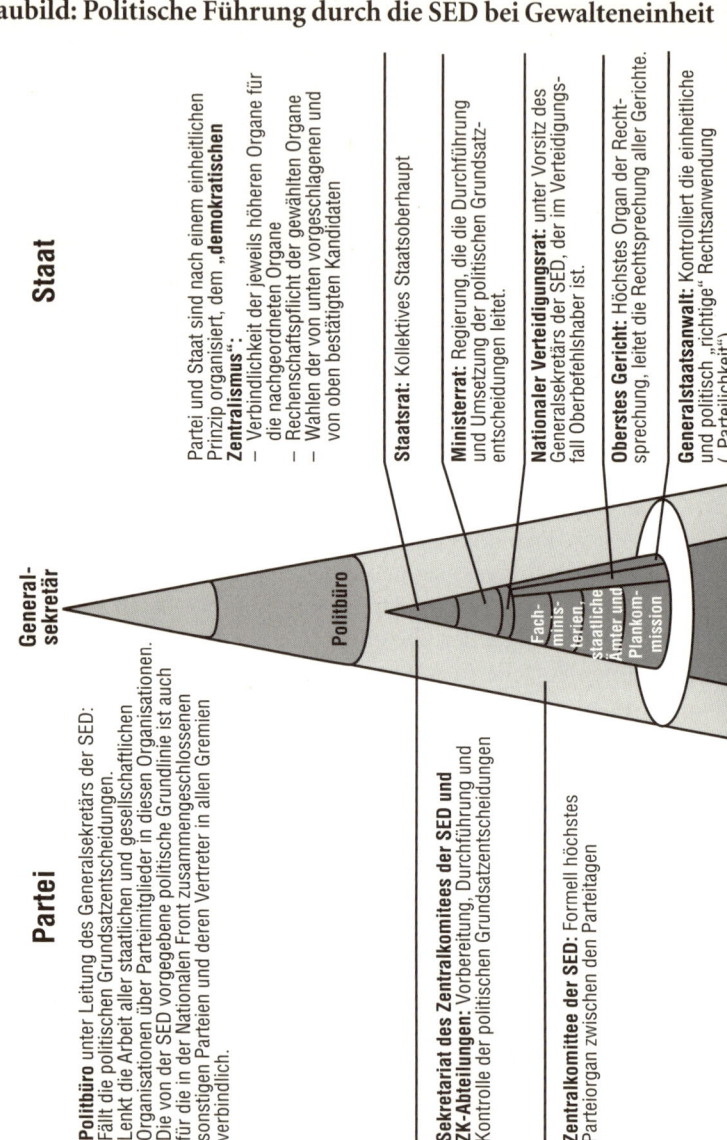

Staat

Partei und Staat sind nach einem einheitlichen Prinzip organisiert, dem „**demokratischen Zentralismus**":
– Verbindlichkeit der jeweils höheren Organe für die nachgeordneten Organe
– Rechenschaftspflicht der gewählten Organe
– Wahlen der von unten vorgeschlagenen und von oben bestätigten Kandidaten

Staatsrat: Kollektives Staatsoberhaupt

Ministerrat: Regierung, die die Durchführung und Umsetzung der politischen Grundsatzentscheidungen leitet.

Nationaler Verteidigungsrat: unter Vorsitz des Generalsekretärs der SED, der im Verteidigungsfall Oberbefehlshaber ist.

Oberstes Gericht: Höchstes Organ der Rechtsprechung, leitet die Rechtsprechung aller Gerichte.

Generalstaatsanwalt: Kontrolliert die einheitliche und politisch „richtige" Rechtsanwendung („Parteilichkeit").

General-sekretär

Politbüro

Fach-minis-terien, staatliche Ämter und Plankom-mission

Partei

Politbüro unter Leitung des Generalsekretärs der SED: Fällt die politischen Grundsatzentscheidungen. Lenkt die Arbeit aller staatlichen und gesellschaftlichen Organisationen über Parteimitglieder in diesen Organisationen. Die von der SED vorgegebene politische Grundlinie ist auch für die in der Nationalen Front zusammengeschlossenen sonstigen Parteien und deren Vertreter in allen Gremien verbindlich.

Sekretariat des Zentralkomitees der SED und ZK-Abteilungen: Vorbereitung, Durchführung und Kontrolle der politischen Grundsatzentscheidungen

Zentralkomitee der SED: Formell höchstes Parteiorgan zwischen den Parteitagen

Quelle: Zahlenspiegel 1988, S. 17

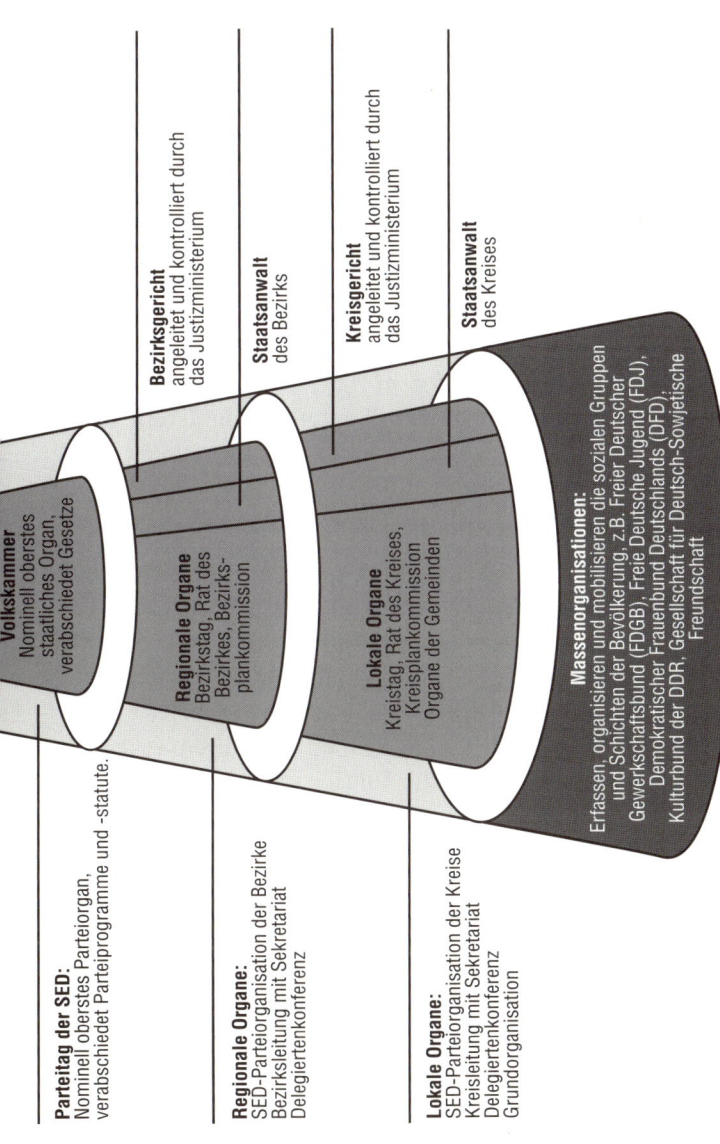

Parteitag der SED:
Nominell oberstes Parteiorgan,
verabschiedet Parteiprogramme und -statute.

Regionale Organe:
SED-Parteiorganisation der Bezirke
Bezirksleitung mit Sekretariat
Delegiertenkonferenz

Lokale Organe:
SED-Parteiorganisation der Kreise
Kreisleitung mit Sekretariat
Delegiertenkonferenz
Grundorganisation

Volkskammer
Nominell oberstes
staatliches Organ,
verabschiedet Gesetze

Regionale Organe
Bezirkstag, Rat des
Bezirkes, Bezirks-
plankommission

Lokale Organe
Kreistag, Rat des Kreises,
Kreisplankommission
Organe der Gemeinden

Massenorganisationen:
Erfassen, organisieren und mobilisieren die sozialen Gruppen
und Schichten der Bevölkerung, z.B. Freier Deutscher
Gewerkschaftsbund (FDGB), Freie Deutsche Jugend (FDJ),
Demokratischer Frauenbund Deutschlands (DFD),
Kulturbund der DDR, Gesellschaft für Deutsch-Sowjetische
Freundschaft

Bezirksgericht
angeleitet und kontrolliert durch
das Justizministerium

Staatsanwalt
des Bezirks

Kreisgericht
angeleitet und kontrolliert durch
das Justizministerium

Staatsanwalt
des Kreises

Quellen: Zusammengestellt nach den geltenden Rechtsnormen, vor allem: DDRV; Statut der SED v. 22.5.1976; MRG; NVRG; VKGO

te Produktionsarbeiter machten Ende 1987 nur 37,8 Prozent der Mitglieder aus; dafür verfügten 40 Prozent über einen Hochschulbeziehungsweise Fachhochschulabschluss.

Abgestützt wurde die absolute Herrschaft der SED auch durch das System der Blockparteien und Massenorganisationen. Die vier Blockparteien CDU, Liberal-Demokratische Partei Deutschlands (LDPD), Demokratische Bauernpartei Deutschlands (DBD) und National-Demokratische Partei Deutschlands (NDPD) anerkannten widerspruchslos die Vorherrschaft der SED, die bei der Besetzung wichtiger Posten in diesen Parteien mitbestimmte oder sie gar diktierte (man stelle sich vor, die SPD würde heute der CDU vorschreiben, wen diese zum Vorsitzenden zu wählen hat). Alle Parteien, ob sie nun den Begriff „liberal" oder „national" im Namen hatten, bekannten sich zum Sozialismus und zum „Großen Bruder" Sowjetunion. Die Zahl der Sitze der jeweiligen Partei in der Volkskammerwahl stand vor der Wahl fest und wurde auch nicht verändert. Das Parteiensystem war so nur ein Schein, ein Deckmantel für die Einparteiendiktatur, die die DDR in Wirklichkeit war. Auch die Massenorganisationen und die Einheitsgewerkschaft Freier Deutscher Gewerkschaftsbund (FDGB) hatten eine festgelegte Zahl an Sitzen in der Volkskammer. Aufgabe der Gewerkschaft war es nicht in erster Linie, sich für die Interessen der Arbeiter und Angestellten in ihren Betrieben einzusetzen (diese standen nicht selten im diametralen Gegensatz zu denen der Partei). Ihre vornehmliche Aufgabe war es, ihre Mitglieder politisch bei der Stange zu halten und Kontrolle über sie im Sinne der mit ihr eng verzahnten SED auszuüben. Die Massenorganisationen wie die FDJ griffen mit ihren zahllosen Veranstaltungen massiv in die Freizeit der Mitglieder ein. Auf diese Weise kontrollierten sie sie nicht nur, sondern trugen durch unablässiges Einwirken auch zur Heranbildung des „sozialistischen Menschen" bei. Eine Nichtmitgliedschaft war möglich, brachte aber Nachteile.

Zu keinem Zeitpunkt hat die SED – trotz all der Erziehungs- und Beeinflussungsbemühungen sowie eines gigantischen Repressionsapparates – ihre diktatorische Stellung aus eigener Macht aufbauen und aufrechterhalten können. Dies war nur durch die Sowjetunion möglich, die bei Protesten 1953 in der DDR, 1956 in Ungarn, 1968 in der Tschechoslowakei und 1981 in Polen zeigte, dass sie ihren sozialistischen Bruderregierungen zur Seite stehen würde, wenn sie alleine nicht mehr in der Lage waren, den Freiheitswillen ihrer Völker zu unterdrücken. Diese Abhängigkeit wurde 1989 offenbar, als der sowjetische Reformpräsident Michail Gorbatschow signalisierte, dass er Veränderungen in der DDR und den osteuropäischen Staaten nicht mehr behindern würde. Als die SED ohne ihre geliehene Macht dastand, brach das Gebäude ihrer Diktatur binnen kürzester Zeit zusammen.

1.2 Justiz: Unrechtsstaat DDR

Immer wieder trifft man in Gesprächen mit Ostdeutschen auf die Meinung, die DDR sei kein Unrechtsstaat gewesen. Es habe schließlich eine Verfassung und Gesetze gegeben, Gerichte, Staatsanwälte und Anwälte. Der Staat habe ein Recht darauf gehabt, sich gegen diejenigen zu wehren, die sich gegen ihn auflehnten. Wichtige Entwicklungen wie die sogenannte Entnazifizierung oder die völlige Neuordnung der Eigentumsverhältnisse nach dem Zweiten Weltkrieg, bei denen die DDR-Justiz tatkräftig mithalf, werden ohnehin bis heute von vielen ehemaligen DDR-Bürgern ganz oder teilweise gutgeheißen. Und schließlich verstehen nicht wenige noch heute unter dem Begriff „Rechtsstaat" nicht einen Staat, in dem die Bürger das Recht und die Möglichkeit haben, sich gegen staatliches Handeln zur Wehr zu setzen. Sondern sie verstehen darunter das, was ihnen die SED jahrzehntelang einbläute: einen Staat, in dem alles seine Ordnung hat, der durch Regeln Sicherheit im Alltag bietet und vor Gefahren wie der Kriminalität schützt.

*

Hilde Benjamin sah keinen Grund, ein Blatt vor den Mund zu nehmen. „Dem Klassenkampf als objektive Erscheinung des politischen und gesellschaftlichen Lebens entspricht unsere Partei-

lichkeit der ideologischen Haltung. Das muss auch in der Pro-
zessführung zum Ausdruck kommen und kann nicht dazu führen, dass der Richter ‚objektiv' Angeklagte, Verteidiger und
Staatsanwalt als gleichberechtigte Parteien behandelt." Als Benjamin diese Worte 1961 niederschrieb, hatte sich die Justizministe-
rin und ehemalige Vizepräsidentin des Obersten Gerichts der
DDR schon längst einen Namen als besonders brutale und stalinistische Ausführerin des in der DDR vorherrschenden Unrechts
gemacht. Benjamin stand mit ihrer Offenheit nicht allein – die
SED hat zu jeder Zeit öffentlich darauf verwiesen, wem die Justiz
in dem von ihr beherrschten Staat alleine zu dienen hatte: ihr
selbst und ihrem Machtanspruch. Sie bezeichnete sich selbst als
„Partei der Gesetzlichkeit", was letztlich nichts anderes bedeutete,
als dass ihr Wille das Grundgesetz des „Arbeiter- und Bauernstaates" war.

Die DDR-Justiz erfüllte diese Aufgabe. Sie war ein willfähriges
Instrument der alles beherrschenden Partei, ihr vollkommen untergeordnet, von ihr gelenkt und missbraucht. Das gilt ganz eindeutig für den Bereich des politischen Strafrechts, das gegen Kritiker brutal als Gesinnungsstrafrecht angewandt wurde. Auf diesem
Gebiet war die DDR eindeutig ein Unrechtsstaat. Etwas weniger
eindeutig fällt das Urteil über die anderen Rechtsgebiete, die es in
der DDR gab, aus – also das Familien- Arbeits- und Verkehrsrecht
(eine Sozialgerichtsbarkeit gab es ebenso wenig wie Verwaltungs-
gerichte, die staatliches Handeln hätten überprüfen können).
Auch diese Bereiche wurden von der Partei kontrolliert, obwohl es
eine Vielzahl von Urteilen gab, die rechtsstaatlichen Maßstäben
durchaus Genüge taten. Aber auch hier gilt: Wenn die Partei Interesse daran hatte, wurden diese Rechtsbereiche ebenso hem-
mungslos durch einen direkten Eingriff der jeweiligen Parteiebene als Machtinstrument missbraucht. Historiker und Rechtswis-
senschaftler benutzen daher für diese Rechtsgebiete manchmal
den Begriff „Nicht-Rechtsstaat".

Der Begriff „Unrechtsstaat" sei nicht lexikonartig zu bestimmen, hat der ehemalige Bürgerrechtler Richard Schröder einmal
geschrieben. Jeder könne sich darunter ganz nach Geschmack et-

was anderes vorstellen. Gleichwohl kann er durch eine Gegenüberstellung mit dem Begriff des „Rechtsstaates" definiert werden. Dieser zeichnet sich durch verschiedene Eigenschaften aus: neben dem Prinzip der Gewaltenteilung vor allem dadurch, dass der Bürger das Recht und die faktische Möglichkeit besitzt, sich gegen Behördenakte, also staatliches Handeln juristisch zur Wehr zu setzen; und dadurch, dass er seine Grundrechte einklagen kann. In der Bundesrepublik geschieht das Erste auf dem Wege der Verwaltungsgerichtsbarkeit und das Zweite vor dem Bundesverfassungsgericht. In der DDR gab es weder eine Gewaltenteilung noch eine Verwaltungsgerichtsbarkeit. In den Verfassungen von 1949 und 1968 fand sich zwar ein Grundrechtskatalog, doch waren die Rechte faktisch nicht einzuklagen. Wer sich auf freie Meinungsäußerung, Pressefreiheit, Postgeheimnis oder andere klassische Grundrechte berief, lief Gefahr, als „Diversant" oder „Spion des imperialistischen Westens" im Gefängnis zu landen.

Diese radikale Instrumentalisierung der Justiz und des Rechts (wozu auch die Rechtswissenschaft gehörte) beschrieb Walter Ulbricht dahin gehend, dass die juristische Tätigkeit „nicht Selbstzweck" sei, sondern dass sie „bei der sozialistischen Umwälzung in Industrie, Landwirtschaft usw. helfen" solle. Das „sozialistische Recht", habe nur einen Zweck – „die Entwicklung des Sozialismus". Das Recht war der SED nicht mehr und nicht weniger als eine „Waffe im Klassenkampf".

Diese Aufgabe stellte sich naturgemäß vor allem direkt nach dem Krieg, als die sowjetische Besatzungsmacht gemeinsam mit deutschen Kommunisten mit dem Aufbau des Sozialismus begann, sowie anschließend in der ersten Phase des „Arbeiter- und Bauernstaates", als der Sozialismus noch in den Kinderschuhen steckte. Mindestens 200.000 politische Gefangene wurden in der Sowjetisch Besetzten Zone (SBZ) und in der frühen DDR in die Haftanstalten gesteckt. Daneben sperrte die sowjetische Geheimpolizei von 1945 bis 1949 etwa 123.000 Deutsche in Lager. Ein Drittel von ihnen überlebte die Haft nicht. Sowjetische Militärtribunale verurteilten zwischen 1950 und 1955 mehr als 1100 Menschen wegen „konterrevolutionärer Verbrechen" zum Tode.

Diese erste Phase endete nach Eigendarstellung der SED im Jahre 1968. Schon bei dieser sogenannten „Entnazifizierung", die die DDR bis zum Schluss und viele ihrer ehemaligen Bürger noch heute als großen Erfolg feierten und feiern, spielte die Justiz eine der SED dienende Rolle. Unter diesem Deckmantel wurden keineswegs nur ehemalige Nationalsozialisten enteignet, sondern mit brutalsten Mitteln zum Beispiel Großbauern, aber auch kleinere und mittlere landwirtschaftliche Betriebe, die sich gegen die Zwangskollektivierung, also die Enteignung und Zusammenlegung zu Landwirtschaftlichen Produktionsgenossenschaften (LPG) wehrten. Die Justiz stand mit den nötigen Urteilen der Partei stets zur Seite. Den „Sozialistischen Frühling", den diese im Zusammenhang mit der Zwangskollektivierung aufkommen sah, erlebten viele Betroffene im Gefängnis – und das nach gerichtlichen Verfahren, die in keiner Weise rechtsstaatlichen Maßstäben entsprachen.

Ihre Feuertaufe hatte die Justiz bereits mit den Waldheim-Prozessen 1950 bestanden, nachdem die sowjetischen Behörden nach der Auflösung ihrer Internierungslager 3400 als „NS-Verbrecher" verdächtigte Personen der DDR-Justiz zur Aburteilung übergeben hatte. Ihnen wurde in einem Aburteilungsmarathon in Waldheim der jeweils sehr kurze Prozess gemacht. Die „Verhandlungen" dauerten in der Regel zwischen 30 und 60 Minuten. Verteidiger oder Zeugen zur Be- oder Entlastung der Angeklagten traten nicht auf. Nur in zehn Fällen waren die Verhandlungen öffentlich. Darum, dass dies in Paragraf 133 der Verfassung eigentlich vorgesehen war, scherten sich Justiz und Partei nicht. 32 Personen wurden zum Tode verurteilt, 24 hingerichtet, gegen alle anderen wurden Haftstrafen ausgesprochen. Als welch willfähriges Instrument die Justiz sich hier benutzen ließ, zeigte sich in einem Prozess, für den es eine regelrechte Regieanweisung gab und der sicher kein Einzelfall war. Nach einer Besprechung zwischen Angehörigen der Staatsanwaltschaft, der Deutschen Volkspolizei und des Justizministeriums wurde beschlossen: „Wahlverteidiger sollen nicht zugelassen werden, ebenso auch keine Zeugen, weil … dann eine große Zahl von Freisprüchen herauskäme."

Eine solche „Rechtsprechung" konnte natürlich nur durch eine systemtreue Richterschaft erreicht werden. So kam es ab 1945 zu einem flächendeckenden Austausch von Juristen, die im Dritten Reich in Diensten gewesen waren, durch sogenannte „Volksrichter". Das waren in Kurzlehrgängen geschulte, von der SED ausgewählte Laien, bei denen die Treue zur Partei ungleich wichtiger war als die Ausbildung und Befähigung zum Richter. Somit hatte die Partei schon zu dieser Zeit die volle Kontrolle über die Richterschaft. Daran änderte sich bis zum Ende der DDR nichts. 1989 waren 96 Prozent aller Richter (und 100 Prozent der Staatsanwälte) SED-Mitglieder. Wenn es politisch opportun war, störte allerdings selbst bei einem hohen Juristen seine frühere Tätigkeit während der Nazi-Zeit keineswegs. Die Richter und Staatsanwälte standen zugleich unter der doppelten Kontrolle der keinen Widerspruch duldenden Partei: durch ihre Vorgesetzten und durch ihre jeweiligen Parteiführer vor Ort, die ständig durch „Leitungsgespräche" oder auch mittels ganz persönlicher Kontakte Einfluss nahmen. „Falsche" Urteile konnte es da kaum geben. Mehr als die Hälfte dieser Richter wurden übrigens nach der Wiedervereinigung in den Staatsdienst übernommen.

Als die DDR seit Mitte der Siebzigerjahre stärker um internationale Anerkennung bemüht war, erschien der Parteiführung eine allzu offensichtliche Repression mit juristischen Mitteln nicht mehr opportun. Bei der Verfolgung von Oppositionellen verlegte sie sich nun zunehmend auf die Unterdrückung im Vorfeld von Prozessen. Damit geriet das Ministerium für Staatssicherheit (MfS) stärker in den Vordergrund. Allerdings spielte die Justiz bis zum Fall der Mauer eine wichtige Rolle bei der Verfolgung der zahlenmäßig nun ständig wachsenden Gruppe der Ausreisewilligen. Seit seiner Gründung war das MfS bei der Verfolgung politischer Fälle das Untersuchungsorgan der Justiz – ebenfalls eine in einem Rechtsstaat völlig undenkbare Regelung.

Die SED hatte verschiedene Wege, um ihre umfassende Kontrolle über die Justiz durchzusetzen. Das Politbüro oder die Abteilung für Staats- und Rechtsfragen des Zentralkomitees fällten die Entscheidungen über gesetzliche und institutionelle Grundlagen. Die genannte ZK-Abteilung und auch das Ministerium für Justiz leiteten und kontrollierten die Justiz (von der Gesetzgebung über die Vorbereitung der Richterwahlen, die bei den höheren Gerichten Teil der Nomenklatura waren, bis hin zur Umsetzung von Parteibeschlüssen). Bis in die Sechzigerjahre nahm die Parteiführung auch direkten Einfluss auf einzelne Richterentscheidungen, danach war das immer seltener nötig, da es praktisch keine illoyalen Richter mehr gab. Das Justizpersonal stand ebenso unter der Kontrolle der Partei wie die Auswahl und die Ausbildung zukünftiger Richter und Staatsanwälte.

In den beiden Verfassungen sowie in der Strafprozessordnung waren zahlreiche Rechte des Beschuldigten bei politischen Prozessen festgelegt. Was auf dem geduldigen Papier stand, wurde indes in der Praxis mit Füßen getreten. Den Untersuchungshäftlingen in den Stasi-Gefängnissen wie auch den Angeklagten vor Gericht wurde praktisch keines der ihnen zustehenden Rechte gewährt. Dafür wurde ihnen sehr häufig bereits vor Prozessbeginn das sie erwartende Urteil mitgeteilt – verbunden mit der Aufforderung, eine „Straftat" (die normalerweise in der Äußerung von Kritik an der SED oder den Zuständen in der DDR bestand oder gleich ganz erfunden war) zu „gestehen". Dazu wurden sie mit einer Verringerung des Strafmaßes gelockt. Rechtsanwälte – von denen es in der gesamten DDR 1989 nur rund 600 gab – wurden in ihren Rechten beschnitten. Allerdings waren sie ohnedies eher Vertreter des Staates denn der Angeklagten und mussten die nötige „politische Reife" aufweisen, um überhaupt studieren zu dürfen und zugelassen zu werden. Zudem wurden sie vom MfS entweder bespitzelt oder arbeiteten gleich freiwillig mit ihm zusammen.

Wie schon erwähnt gab es in den anderen Bereichen, vor allem im Arbeits- und Familienrecht, viele Urteile, die kaum zu beanstanden sind. Wenn aber diese Rechtsbereiche der SED politisch nutzen konnten, kam es auch hier zum Missbrauch. Massenhaft war dies bei der Bekämpfung der Ausreisewilligen der Fall, für die dann andere Vergehen konstruiert wurden, um den eigentlichen Grund der Repression zu verschleiern.

Bezeichnend für das Rechtsverständnis der SED war die Möglichkeit der Bürger, Eingaben an die Partei zu machen und so auf eine Behebung bestimmter Probleme zu drängen. Besonders unter Erich Honecker wurde dieses System ausgebaut, wobei zunächst jeweils ein Psychiater und ein Stasi-Offizier die Eingabe prüften. Häufig geschah dies, wenn ein Bürger sich von den Behörden ungerecht behandelt fühlte. Er hatte auch manchmal eine Chance auf Erfolg, aber keinen Rechtsanspruch darauf. Die Partei gewährte in einem solchen Fall Gnade – wie ein Feudalherr im Mittelalter, dessen Untertanen seinem guten Willen auf Gedeih und Verderb ausgeliefert waren.

1.3 Der Bau der Mauer

Die Berliner Mauer wurde von der Sowjetunion errichtet – das glaubt vor allem unter jüngeren Menschen sowohl in den östlichen wie auch in den westlichen Bundesländern eine sehr große Mehrheit. Ebenso vertreten sind die Auffassungen, die Siegermächte des Zweiten Weltkrieges – also die Sowjetunion gemeinsam mit den USA, Frankreich und Großbritannien – seien für ihren Bau quer durch Berlin verantwortlich. Selbst die Meinung, die Betongrenze sei von der Bundesrepublik gebaut worden, findet sich. Demgegenüber ist laut Umfragen weniger als einem Drittel der Befragten bewusst, dass es das SED-Regime war, das auf den Bau drängte und ihn durchführte. Auch bei den sonstigen Kenntnissen hapert es oft gewaltig, obwohl die Mauer gerade in den vergangenen Jahren Thema von Spielfilmen und Dokumentationen war.

*

Walter Ulbricht war zutiefst besorgt. Anfang März 1961 hatten ihm Mitarbeiter der Staatlichen Planungskommission die kompletten Flüchtlingszahlen für das Vorjahr vorgelegt. Demnach hatten exakt 199.188 Bürger dem „Arbeiter- und Bauernstaat" DDR den Rücken gekehrt und waren in den Westen geflohen. Der allergrößte Teil hatte den Weg über Berlin gewählt, weil die

Grenze zwischen Deutschland-Ost und Deutschland-West hier
noch weitgehend durchlässig war. Wenige Tage später machte
Ulbricht als Vorsitzender des Staatsrates der DDR und des Nationalen Verteidigungsrates das Problem zum Thema der Sitzung
des Zentralkomitees der SED, dem er als Erster Sekretär ebenfalls
vorstand. Er warf unter strikter Geheimhaltung die Frage auf, ob
man der Massenabwanderung nicht durch die Schließung der
Sektorengrenzen in der einstigen Reichshauptstadt ein Ende setzen solle.

Wiederum zwei Wochen später trug der in der DDR zu dieser
Zeit vermutlich meistgehasste Mann das Problem auch auf die
internationale Bühne. Auf einer Konferenz der Staaten des Warschauer Pakts in Moskau schlug Ulbricht den versammelten osteuropäischen Staatsmännern vor, das Schlupfloch Westberlin zu
„verstopfen, mit Posten unserer Grenzorgane, mit Barrieren, vielleicht auch mit Stacheldrahtzäunen". Das Wort „Mauer" nahm
der Mann aus Ostberlin nicht in den Mund. Wohl bewusst nicht,
denn die Kritik der Anwesenden war schon so nicht sehr ermuti-
gend. Polen, Rumänen, Tschechoslowaken und der erste Mann
der Sowjetunion, Nikita Chruschtschow, waren skeptisch. Eine
Absperrung könne das Ansehen des Sozialismus schmälern und
Verwicklungen mit den Westmächten hervorrufen, befürchteten
sie. Dazu kam auch ein nach den Erfahrungen des Zweiten Weltkrieges nach wie vor verbreitetes Misstrauen gegen die Deutschen – selbst die im Osten. Mit dem Bau von Mauern kennen
die sich ja aus, tuschelten sie hinter dem Rücken der Delegation
aus Ostberlin. Und erinnerten an die Mauer, die die deutschen
Besatzer einst um das Judenghetto in Warschau errichtet hatten.
Ganz ohne Erfolg kehrte Ulbricht allerdings nicht nach Hause
zurück. Er durfte für den Fall, dass es doch zu einer Grenzabrie-
gelung kommen sollte, vorsorglich Vorbereitungen treffen.

Moskau wusste nämlich sehr wohl um die Probleme, die die
Massenflucht in den Westen der DDR-Regierung bereitete. Sie
hatte nicht erst in der jüngeren Vergangenheit eingesetzt und
auch nicht mit der Gründung der DDR im Jahre 1949. Schon seit
die sowjetische Besatzungsmacht Hand in Hand mit den deut-

schen Kommunisten ab spätestens 1946 für jeden ersichtlich mit dem Aufbau des (zunächst stalinistisch geprägten) Sozialismus begonnen hatte, hatten viele Menschen auf dem Territorium der Sowjetisch Besetzten Zone (SBZ) und dann der DDR gezeigt, was sie von dem „planmäßigen Aufbau des Sozialismus" hielten: nichts! Die Abstimmung mit den Füßen war eindrucksvoll und deutlich: Zwischen 1946 und dem 13. August 1961, dem Tag des Mauerbaus, verließen rund 3 Millionen Menschen Ostdeutschland. Sie wollten nicht unter der „Diktatur des Proletariats" leben, denn sie begriffen schnell, was das bedeutete: Unterdrückung Andersdenkender, Ende der Meinungs-, Wahl- und Pressefreiheit, Repression gegen freies Unternehmertum und die Kirchen, Zwangserziehung der Kinder und Jugendlichen im sozialistischen Sinne, Zwangssozialisierung der Wirtschaft, Bevorzugung der Funktionärskaste – aber eben auch ein drastisches Zurückbleiben des „Arbeiter- und Bauernstaates" gegenüber der prosperierenden Bundesrepublik. Die Zahl der Flüchtlinge spiegelte jeweils wichtige politische Ereignisse des Jahres wider – so hatte sie beispielsweise 1953, dem Jahr des Volksaufstandes vom 17. Juni, mit 331.390 Personen den Höchststand erreicht.

Besonders bitter für die Staatsführung war der Blick auf diejenigen, die keine Zukunft mehr sahen und in den Westen gingen: Ärzte, Ingenieure, Lehrer, Wissenschaftler, Intellektuelle und vor allem junge Menschen unter 25 Jahren, die etwa die Hälfte aller Flüchtenden ausmachten. Die DDR lief im wahrsten Sinne des Wortes Gefahr, zu verblöden und zu vergreisen. Erste Maßnahmen gegen Flüchtlinge an der Zonengrenze hatte es daher schon 1946 gegeben, und bereits seit diesem Jahr waren die Grenzschützer auch berechtigt, die Schusswaffe zur Verhinderung einer Flucht zu benutzen. Weil das offenbar nicht genügend abschreckend wirkte, ließ die DDR-Regierung 1952 die Grenze zwischen den seit drei Jahren bestehenden deutschen Staaten zu einem „Eisernen Vorhang" ausbauen. Das wirkte wie ein Vorspiel zur späteren Mauer in Berlin. Direkt an der Grenzlinie wurde ein zehn Meter breiter Streifen eingerichtet, den zu betreten absolut verboten war. Wer dem zuwiderhandelte, dem drohte die Festnahme

Schaubild: Entwicklung der Fluchten aus der DDR 1950–1961

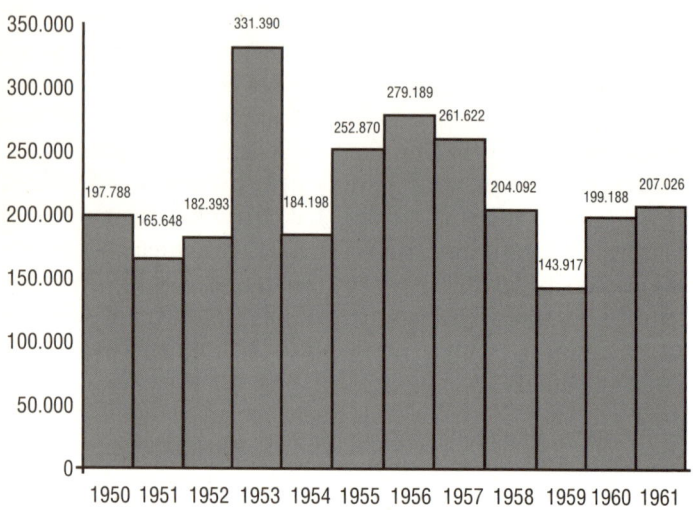

Quelle: DDR-Handbuch, Bd. 1, S. 419

– oder der Tod. Ausdrücklich hieß es im Erlass des damaligen Ministers für Staatssicherheit Wilhelm Zaisser: „Bei Nichtbefolgung der Anordnung der Grenzstreifen wird von der Schusswaffe Gebrauch gemacht." Hinter dem Zehn-Meter-Streifen folgte eine fünf Kilometer breite Sperrzone, in der nur noch den Machthabern unverdächtige Personen wohnen durften. Es kam zu Massenaussiedlungen unter dem Codenamen „Ungeziefer". Diese Bezeichnung und die Art und Weise, in der Tausende Menschen über Nacht ihre Häuser verlassen mussten, erinnerte an Umsiedlungsaktionen der Nationalsozialisten im Zweiten Weltkrieg.

Zwar gelang auch weiterhin DDR-Bürgern die Flucht über die Grenze, doch das bevorzugte Schlupfloch war von nun an Berlin, wo es einen nahezu ungehinderten Verkehr zwischen Ost und West gab. Nicht zuletzt arbeiteten 50.000 Ostberliner im Westteil der Stadt, umgekehrt waren es 12.000. Da die DDR-Führung nicht daran dachte, ihr politisches und wirtschaftliches System zu ändern, musste sie dieses Schlupfloch stopfen, um das langsame Ausbluten ihres Teilstaates zu verhindern. Als dann vor allem aufgrund von Versorgungsproblemen und eines schärferen ideologischen Vorgehens gegen Intellektuelle nach einem vorübergehenden Rückgang seit Mitte 1961 die Flüchtlingszahlen erneut stark anschwollen, wollte Ulbricht endlich handeln. Auf der Tagung der Warschauer-Pakt-Staaten vom 3. bis 5. August insistierte er erneut auf einer Absperrmaßnahme. Die internationale Situation hatte sich inzwischen gegenüber dem Frühjahr geändert. Chruschtschow fühlte sich gegenüber dem neuen und jungen US-Präsidenten John F. Kennedy in einer Position der Stärke. In Washington wie auch in Westberlin beziehungsweise Bonn verdichteten sich die Gerüchte, wonach die DDR-Regierung sehr bald etwas unternehmen würde. Die US-Regierung aber hatte Moskau signalisiert, dass sie nicht eingreifen werde, solange bestimmte Grenzen nicht überschritten würden. Kennedy hatte am 25. Juli in einer Fernsehansprache drei unverrückbare Grundsätze („Three Essentials") genannt: die Präsenz der Alliierten in und ihren freien Zugang nach Westberlin sowie die Wahrung der Sicherheit der Westberliner durch die westlichen Besatzungsmächte. Wichtiger war, was der amerikanische Präsident mit keinem Wort erwähnt hatte: Ostberlin. Er signalisierte damit Chruschtschow, dass er durch eine Aktion, die auf das östliche Territorium der geteilten Stadt begrenzt bleiben würde, die Interessen der USA nicht beeinträchtigt sähe. Deutlicher sprach das der Vorsitzende des Ausschusses für Auswärtige Beziehungen, William Fulbright, in einem Interview aus: „Ich verstehe gar nicht, warum die Ostdeutschen ihre Grenzen nicht schließen: Ich meine, sie haben ein Recht dazu."

Moskau hatte verstanden. Auf dem Gipfel der Warschauer-Pakt-Staaten vom 3. bis 5. August gab Chruschtschow schließlich offiziell sein Einverständnis zur Abriegelung. In einem langen Telefonat mit Ulbricht am 1. August hatte er bereits intern seine Zustimmung gegeben. Er bestand aber darauf, dass das Westberliner Territorium nicht verletzt werden dürfe. Wann genau hinter den Kulissen die Entscheidung fiel, lässt sich nicht mehr exakt rekonstruieren. Es kann aber vermutet werden, dass dies schon unmittelbar nach Kennedys Ansprache vom 25. Juli geschehen war, denn zu dieser Zeit begannen bereits die logistischen Vorarbeiten wie das Heranschaffen von Stacheldraht (der zum Teil in Westdeutschland gekauft wurde) nach Ostberlin. Dass die Planungen längst eingesetzt hatten und weit vorangeschritten waren, zeigte sich, als der sowjetische Diplomat Julij A. Kwizinskij gemeinsam mit Moskaus Botschafter Michail Perwuchin Ulbricht aufsuchte, um ihm nochmals die Entscheidung Chruschtschows mitzuteilen. Kwizinskij erinnerte sich an das Gespräch so: „Ulbricht hörte sich die Mitteilung an und zeigte dabei keinerlei Bewegung. Er nickte mit dem Kopf, bat, Chruschtschow seinen Dank zu übermitteln, und begann sofort davon zu sprechen, wie er sich die Durchführung der Aktion im Detail vorstellte. Er wies darauf hin, dass man die Grenze nach Westberlin in ihrer ganzen Länge nur mithilfe von Stacheldraht rasch abriegeln könne. Diesen benötige man in ausreichender Menge, ebenso Pfähle, und alles müsste insgeheim nach Berlin gebracht werden. Auch die U- und S-Bahnverbindungen nach Westberlin müssten unterbrochen werden. Ulbricht beschrieb im Detail, dass man den S-Bahnhof Friedrichstraße zum Beispiel am besten mit einer Glaswand zwischen den Bahnsteigen teilen und die U-Bahnausgänge im Stadtbezirk Mitte einfach verschließen sollte."

Ulbricht hatte sich bereits am 15. Juni auf einer Pressekonferenz vor nicht weniger als 350 Journalisten einen – erst im Nachhinein – berühmt gewordenen Patzer geleistet. Auf die Frage einer westdeutschen Medienvertreterin, ob der DDR-Chef beabsichtige, am Brandenburger Tor eine Staatsgrenze zu errichten, antwortete er: „Ich verstehe Ihre Frage so, dass es in Westdeutschland Menschen gibt, die wünschen, dass wir Bauarbeiter der Hauptstadt der DDR dazu mobilisieren, eine Mauer zu errichten. Mir ist nicht bekannt, dass eine solche Absicht besteht. Die Bauarbeiter unserer Hauptstadt beschäftigen sich hauptsächlich mit Wohnungsbau, und ihre Arbeitskraft wird dafür voll eingesetzt. Niemand hat die Absicht, eine Mauer zu errichten …" Ulbricht hatte auf eine Frage geantwortet, die gar nicht gestellt worden war. Die Sensation war unbeabsichtigt ausgesprochen – aber niemand bekam das an diesem Tag mit.

Die Mauer wurde indes noch gar nicht errichtet, als am 13. August nachts um ein Uhr die ersten Mitglieder von Betriebskampfgruppen (siehe Kapitel *Die Militarisierung der Gesellschaft*) und der Kasernierten Volkspolizei (KVP) ausrückten, um unter dem Schutz von Soldaten der Nationalen Volksarmee und der Roten Armee (die sich für den Fall von Störungen in einigen hundert Meter Entfernung bereithielten) an verschiedenen Stellen Berlins auf der östlichen Seite der Sektorengrenze Stacheldraht auszurollen. Die ersten Mauerteile wurden drei Tage später an der Bernauer Straße aufgestellt. Ulbricht hatte auf Geheiß Chruschtschows erst abwarten müssen, ob der Westen militärisch einschreiten würde. Doch die Westalliierten waren weit davon entfernt, sie brachten zunächst trotz des Drängens des Westberliner Regierenden Bürgermeisters Willy Brandt nicht einmal eine gemeinsame Protestnote zustande. Sie blieben auch in den folgenden Tagen und Wochen abgesehen von verbalen Protesten tatenlos, denn ihre Interessen waren ja nicht betroffen. Und wegen Berlin einen Krieg zu beginnen, der zu dieser Zeit nur ein Atomkrieg hätte sein können, kam ihnen nicht in den Sinn. Das Ziel der Aktion, die vom Sekretär des ZK für Sicherheitsfragen, Erich Honecker, geleitet wurde, war aber auch ohne Mauerbeton sofort klar: die Abriegelung Westberlins. Der S-Bahn-Verkehr wurde unterbrochen, den Westberliner Fahrgästen, (die in dieser Samstagnacht gerade unterwegs waren) wurde ihr Fahrtgeld zurückgezahlt, 68 der 81 Übergangsstellen wurden abgeriegelt. Die wütenden Proteste vieler Westberliner – vor allem Jugendlicher – in den folgenden Tagen halfen nichts. Westberlin war von nun an eine abgeriegelte Insel im sozialistischen Osten. Die Mauer wurde zum Symbol der Teilung Deutschlands und der Welt.

Auch wenn natürlich Moskau grünes Licht für den Bau der Mauer geben musste, weil eine solche wichtige Entscheidung von einem Satellitenstaat wie der DDR nicht alleine getroffen werden konnte, ging doch der eigentliche Anstoß von Ostberlin aus. Das SED-Regime wollte die Mauer, weil anders die vielen Fluchtwilli-

gen nicht im Lande zu halten waren. Nikita Chruschtschow hat
diese Einschätzung selbst bestätigt. Dem damaligen westdeutschen Botschafter in Moskau, Hans Kroll, sagte er, dass er zwar
„letzten Endes den Befehl dazu gegeben" habe. Er berichtete aber
auch, dass Ulbricht ihn „seit längerem und in den letzten Monaten immer heftiger gedrängt" habe. Die Mauer in Berlin war ein
Kind der SED, das mit dem Segen Moskaus zur Welt kam. Die
Bundesrepublik trug keine Schuld an ihr. Westdeutschland übte,
bedingt durch den rasanten wirtschaftlichen Wiederaufbau und
den freien Lebensstil, schlicht eine zu große Anziehungskraft auf
sehr viele Ostdeutsche aus. Die Alliierten taten, um den globalen
Frieden nicht zu gefährden, nichts gegen ihren Bau – ihre Interes-
senssphären blieben ja unberührt. So war auch die Behauptung
der SED, die Mauer sei ein „Antifaschistischer Schutzwall", der
die DDR gegen Angriffe durch die Bundesrepublik schützen
müsse, eine absurde Verkehrung der Tatsachen. Die Mauer hatte
nur einen Grund: Sie sollte die Bürger der DDR daran hindern,
in den Westen zu gelangen. Nichts zeigte das besser als die Tatsache, dass alle Grenzanlagen mit Selbstschussanlagen, Schießbe-
fehl, Minenfeldern und Wachtürmen nach innen ausgerichtet
waren – nicht in das Gebiet des „Klassenfeindes".

In den Jahren und Jahrzehnten nach ihrer Errichtung nahmen
die Mauer und der dazugehörige Grenzstreifen erschreckende
Dimensionen an. Sie hatte eine Gesamtlänge von 156,4 Kilome-
tern, eine Höhe von bis zu 3,60 Metern, 186 Wachtürme und 31
Führungsstellen. Mehrere Hundert Wachhunde taten ihren
Dienst auf dem Grenzstreifen, auf dem über 68,4 Kilometer ein
Streckmetallgitterzaun vorgebaut war. Die Westberliner Polizei
registrierte von 1961 bis 1989 insgesamt 5075 gelungene Fluch-
ten, davon 574 durch Angehörige der DDR-Grenztruppen. 1709-
mal schossen nach deren Statistik Grenzsoldaten auf Flüchtlinge,
von denen mindestens 119 verletzt wurden. Nach aktuellen Forschungen starben an der Mauer mindestens 175 Menschen bei
dem Versuch, in den Westen und damit in die Freiheit zu gelangen. Ob dies die tatsächliche Zahl ist oder wie viele Mauertote es
wirklich gab, wird vermutlich für immer ungeklärt bleiben.

1.4 Das Ministerium für Staatssicherheit

Für viele Ostdeutsche, aber auch für erstaunlich viele Menschen aus den alten Bundesländern, gilt die Staatssicherheit der DDR, im Volksmund „Stasi" genannt, als „normaler" Geheimdienst. In einigen der neuen Bundesländer glauben das heute mehr als die Hälfte aller Schüler. Geschürt von ehemaligen Mitarbeitern, von Teilen der PDS/Linkspartei/Linken und befördert durch ein totales Versagen von Schulen und anderen Bildungsinstitutionen, setzen sie die Stasi mit einem demokratisch legitimierten und parlamentarisch kontrollierten Dienst wie dem Verfassungsschutz der Bundesrepublik gleich. Manchmal klingt sogar Stolz auf die „Leistungen" des Unterdrückungsapparates mit. Zum Beispiel beim letzten DDR-Innenminister Peter-Michael Diestel, ein CDU-Politiker, für den die Stasi der „effektivste Geheimdienst der Welt" war. Diese Meinungslage befremdet umso mehr, als die Stasi bis zum Fall der Mauer als die dunkelste Seite der SED-Macht galt.

∗

Es war ein erbarmungswürdiges Schauspiel, das der alte Mann vorne am Rednerpult abgab. Unterbrochen von höhnischen und zynischen Kommentaren der Zuhörer stammelte er verwirrt ins Mikrofon: „Ich liebe, ich liebe doch alle." Die Antwort, die ihm entgegenschallte, war lautes Lachen. Der Rest seiner Rede war konfus, die große Anspannung war dem 82-Jährigen deutlich anzumerken. Mitleid hatte an diesem 13. November 1989 aber wohl kaum einer der Abgeordneten der DDR-Volkskammer mit dem verhassten Stasi-Chef. Nach 32 Jahren an der Spitze der Behörde, die ihr Spitzel- und Unterdrückungssystem wie ein undurchtrennbares Stahlnetz über das ganze Land gelegt hatte, war Erich Mielke zweifellos der Mann in der DDR, der am meisten Hass auf sich zog – und zwar nicht nur von Bürgerrechtlern, Stasi-Häftlingen und aus politischen Gründen Verfolgten, sondern auch von nicht wenigen systemtreuen SED-Mitgliedern. Denn Mielkes Überwachungsterror kannte im „Arbeiter- und Bauernstaat" praktisch keine Grenzen. Nun, vier Tage nach dem Fall der

Mauer, war seine jahrzehntelange, nahezu unumschränkte Herrschaft am Ende.

Was er in dieser Zeit aufgebaut hatte, war auf erschreckende Weise beeindruckend. Am Ende der DDR hatte Mielkes Imperium, das Ministerium für Staatssicherheit (MfS), 91.015 hauptamtliche Mitarbeiter. Hinzu kamen rund 174.000 Inoffizielle Mitarbeiter (IM), die für die Stasi während der Arbeit oder Freizeit ihre Mitmenschen ausspionierten. Von Letzteren waren wiederum 3300 hauptberuflich tätig, das heißt, sie verdienten mit dieser Tätigkeit ihren Lebensunterhalt. Wenn die DDR irgendwo Weltspitze war, dann bei der Ausspitzelung von Bürgern durch Bürger des eigenen Landes. Denn insgesamt war jeder 62. Bürger für den staatlichen Überwachungsapparat tätig. Das war eine Quote, an die kein anderes Land der Welt heranreichte, auch der „Große Bruder" Sowjetunion nicht. Insgesamt waren zwischen 1949 und 1989 nach Angaben des Historikers und Direktors der Gedenkstätte Berlin-Hohenschönhausen Hubertus Knabe rund 600.000 DDR-Bürger für die Stasi als IM tätig – ein gigantischer personeller Aufwand. In Erfurt beispielsweise hatte das MfS viermal so viele Informanten wie die Geheime Staatspolizei (Gestapo) während des Dritten Reiches im viel größeren Frankfurt am Main. Der marode Staat, der seit Anfang der Achtzigerjahre ökonomisch praktisch am Ende war, ließ sich sein Terrorsystem einiges kosten. 1989 waren 3,6 Milliarden (DDR-)Mark dafür veranschlagt – immerhin etwas mehr als 1 Prozent des gesamten Haushaltes.

Ins Leben gerufen wurde die Staatssicherheit vier Monate nach der Gründung der DDR am 8. Februar 1950. Vorläufer hatte es bereits seit 1946 gegeben. Wie diese befand sich zunächst auch die Stasi unter der strikten Kontrolle der sowjetischen Ministerien für Staatssicherheit und für Innere Angelegenheiten. Diese strikte Kontrolle wurde zwar Ende der Fünfzigerjahre gelockert, doch ganz gleichberechtigt war das MfS nie und eine enge Verbindung blieb bis zu seiner Auflösung bestehen. Sein erklärtes Vorbild war die sowjetische Geheimpolizei, die während und nach der Oktoberrevolution 1917 in Russland den just an die Macht gekommenen Bolschewisten als Außerordentliche Kommission zur Bekämpfung von Konterrevolution und Sabotage zur Seite gestanden hatte und für zahlreiche Unrechtstaten verantwortlich gewesen war. In Anlehnung an die russische Abkürzung „Tscheka" bezeichneten sich die Mitarbeiter der Staatssicherheit bis zu deren Auflösung voller Stolz als „Tschekisten" – eine bezeichnende Selbsttitulierung einer Behörde, die sich durch einen großen Korpsgeist auszeichnete.

Bis 1952 war sie in Anlehnung an die fünf Länder der DDR aufgegliedert. Mit der Bildung der 14 DDR-Bezirke im selben Jahr wurde sie an diese neue Struktur angeglichen. Aus den 1100 Mitarbeitern bei der Gründung wurden bis zu diesem Zeitpunkt 8800. Sie verfügte über 14 Abteilungen, die unter anderem für Spionageabwehr, Arbeit in Westdeutschland, den politischen Untergrund, Festnahmen und Observationen und Untersuchungshaft beziehungsweise Strafvollzug zuständig waren. Eine gesetzliche Festlegung ihrer Aufgaben gab es nicht – von Anfang an stand die Staatssicherheit außerhalb der Gesetze der DDR. In einem geheimen Statut wurde im Oktober 1953 die Staatssicherheit (die von 1953 bis 1955 kurzzeitig in das Innenministerium integriert wurde) in „die bestätigte Struktur des Ministeriums" eingegliedert. Was das hieß, blieb offen. Wichtig war, dass „die Beschlüsse und Direktiven des ZK [des Zentralkomitees, A.F.] bzw. des Politbüros der SED" als Grundlage der Arbeit galten. Erst dann folgte die Bestimmung, dass die Staatssicherheit an „die Gesetze und Verordnungen bzw. die Anweisungen des Ministerpräsidenten sowie die Befehle und Anordnungen des Ministers des Inneren" gebunden sei. Die Partei rangierte also deutlich vor dem Gesetz und den Institutionen des Staates. Als Aufgabe wurde dem MfS aufgetragen, „die Voraussetzungen zu schaffen und die Maßnahmen zu treffen, die die Sicherheit des Staates, die Festigung der Staatsmacht und die Aufrechterhaltung der öffentlichen Ordnung gewährleisten". Um dies bewerkstelligen zu können, hatte der Staatssicherheitsdienst das Recht, bei begründetem Verdacht „Verhaftungen von feindlichen Spionen, Agenten und Diversanten" vorzunehmen und „alle erforderlichen Untersuchungen bis zum Schlussbericht an die Organe der

Justiz zu führen". Des Weiteren war ihm erlaubt, „zur Aufdeckung, Unterbindung und Entlarvung feindlicher Tätigkeit die Zensur, die Beobachtung und die Verwendung technischer Mittel (Abhören) durchzuführen". Das waren Gummiparagrafen, denn was „feindliche Spione, Agenten und Diversanten" waren, was notwendig war zur „Festigung der Staatsmacht" und was „öffentliche Ordnung" bedeutete, bestimmte in der DDR-Diktatur ebenso wie die Frage, was „erforderliche Untersuchungen" einschloss, ausschließlich die Spitze der SED. Und die wollte den Aufbau des „Arbeiter- und Bauernstaates", die „Diktatur des Proletariats" und den Sozialismus in der DDR in strenger Anlehnung an die (bis Mitte der Fünfzigerjahre stalinistische) Sowjetunion durchsetzen und dabei vor allem ihren eigenen Machtanspruch sichern und ausbauen – koste es, was es wolle. Mit dem Statut war der nach innen, gegen die eigene Bevölkerung gerichtete repressive Charakter des Staatssicherheitsdienstes beschrieben, wenn auch verklausuliert.

So war klar, was die SED, unter deren Kontrolle das MfS vollständig stand, von der Staatssicherheit erwartete: Sie sollte vermeintliche oder tatsächliche Gegner der neuen sozialistischen Ordnung in allen Bereichen der Gesellschaft, Parteien und Organisationen enttarnen und dingfest machen. Die Mittel dazu blieben ihr weitgehend selbst überlassen. Ihr erster Chef, Wilhelm Zaisser, war Mitglied des Politbüros und dort auch selbst zuständig für das MfS. Schon zu dieser Zeit zeigte sich auch in einem anderen Punkt, dass die Stasi kein „normaler Geheimdienst" in einem Rechtsstaat war: Formell ein Organ des Ministerrates, unterlag sie keiner Kontrolle durch das Parlament oder durch exekutive Organe. Otto Nuschke, der damalige Vorsitzende der Blockpartei CDU, bezeichnete das MfS zu Recht als eine „Behörde in eigener Verantwortung".

In dieser ersten Phase der DDR, in der es der SED um die Machtgewinnung und -sicherung ging, führte das MfS willkürliche, jeglicher Rechtsgrundsätze entbehrende Verhaftungen durch, gefolgt von nächtlichen Dauerverhören und vielen anderen Spielarten von Druck und Repression gegen tatsächliche oder vermeintliche Gegner. Auch vor Mord schreckte die Staatssicherheit nicht zurück. Es kam zu zahlreichen hohen Haftstrafen ebenso wie zu Todesurteilen. Nicht zuletzt waren auch überzeugte Kommunisten betroffen, die zunächst dabei geholfen hatten, die „Diktatur des Proletariats" aufzubauen, dann aber wegen Kritik an den Methoden der Führung in Moskau und Ostberlin in Ungnade gefallen waren. Bei ihrer ersten echten Bewährungsprobe versagten Zaissers Leute jedoch total: Den Volksaufstand vom 17. Juni 1953 sahen sie nicht vorher. Dafür betätigten sie sich umso brutaler bei der anschließenden Verfolgung von Teilnehmern des Aufstandes, bei der mindestens 50 Tote zu verzeichnen waren. Zaisser musste gehen, sein Nachfolger wurde Ernst Wollweber. Aber auch er konnte sich nur bis 1957 halten. Dann war der Weg frei für jenen Mann, der bis zum Ende der DDR die Stasi verkörperte: Erich Mielke – ein begnadeter Opportunist, überzeugter Stalinist, ausgestattet mit einem konspirativen Talent wie kaum jemand sonst, willfährig in Richtung Moskau, aber hart gegen die eigenen Leute. Mielke hatte die Behörde seit deren Vorläufern mit aufgebaut und war seit Gründung des MfS dessen stellvertretender Minister gewesen. Nun war er an der Reihe, und die erste Aufgabe lag ihm gleich besonders gut. In den Jahren 1958 bis 1961 hatte das MfS die dramatische Fluchtbewegung nach Westen, der erst der Bau der Mauer ein Ende setzte, zu bekämpfen. Vor allem durch Ausspionieren von potenziellen Flüchtlingen und deren Umfeld gab es einige kleinere Erfolge, aber die große Welle war so nicht zu stoppen. In den Fünfzigerjahren betätigte sich das MfS auch in Westberlin und in der Bundesrepublik, indem Stasi-Leute unliebsame Personen (wie Flüchtlinge, die einst selbst einem der Organe der DDR angehört hatten) in den Osten entführten, zu Haftstrafen verurteilten und zum geringen Teil sogar hinrichteten. Auch diese Aufgabe war im Statut von 1953 festgelegt worden, schließlich sollte die Staatssicherheit „in Westdeutschland, Westberlin und der Deutschen Demokratischen Republik effektiv arbeitende Agenturen" errichten und unterhalten. Damit war auch der nach außen aggressive Charakter beschrieben.

Die Struktur des MfS war militärisch gegliedert, die hauptamtlichen Mitarbeiter waren zumeist Soldaten. Der allergrößte Teil
von ihnen war zudem SED-Mitglied. Der Mitarbeiterbestand
wuchs stark an, von 8800 im Jahr 1952 über 19.100 im Jahr 1961
und 52.700 im Jahr 1972 bis zu den 91.015 im Herbst 1989. Als
großes Problem stellte sich zunehmend die mangelnde Bildung
der Mitarbeiter heraus. Die meisten kamen aus einfachen Verhält-
nissen, Bessergebildete waren schwerer zu gewinnen und galten
oftmals auch als kritischer. Mielke sah darin indes kein Hindernis
für eine gute Spitzelarbeit. Angesprochen auf das Problem, hatte er
schon 1953 geantwortet: „Mir scheint, dass es darauf ankommt,
dass dieser Genosse, der vielleicht nicht schreiben kann, weiß, wie
man siegt und was man tun muss, um seine Feinde zu vernichten
… Die Partei, der Parteisekretär muss das wahre Gesicht jedes Par-
teigenossen kennen, mit welcher Zunge er redet. Und wenn er mal
nicht seinen Namen unterschreiben kann, ist es nicht wichtig, aber
wenn er weiß, wer die Feinde sind, ist er auf dem richtigen Wege."
Später wurden mehr Abiturienten für die Mitarbeit gewonnen,
außerdem wurde in Potsdam-Eiche eine eigene Hochschule eingerichtet. Der Anteil der Mitarbeiter mit Hochschul- oder Fachhochschulabschluss lag aber auch im Oktober 1989 nur bei 27
Prozent. Seit den Siebzigerjahren begann die Werbung und Rekrutierung zukünftiger Mitarbeiter bereits bei Schülern der 7. Klasse,
und zwar direkt in der Schule. In welchem Geist die neugeworbe-
nen Mitarbeiter auf der MfS-eigenen Hochschule erzogen wurden,
zeigt das Stichwort „Hass" aus dem „Wörterbuch der Staatsicher-
heit", das 1985 in der 2. Auflage erschien: „Hass: Intensives und tie-
fes Gefühl, das wesentlich das Handeln von Menschen mitbestim-
men kann. Er widerspiegelt immer gegensätzliche zwischen-
menschliche Beziehungen und ist im gesellschaftlichen Leben der
emotionale Ausdruck der unversöhnlichen Klassen- und Interes-
sengegensätze zwischen der Arbeiterklasse und der Bourgeoisie
(Klassenhass). Der moralische Inhalt des H. ist abhängig vom Ge-
genstand, auf den er gerichtet ist, und kann von daher wertvoll
und erhaben oder kleinlich und niedrig sein. H. zielt immer auf
die aktive Auseinandersetzung mit dem gehassten Gegner, begnügt

sich nicht mit Abscheu und Meidung, sondern ist oft mit dem Bedürfnis verbunden, ihn zu vernichten oder zu schädigen. H. ist ein wesentlicher bestimmender Bestandteil der tschekistischen Gefühle, eine der entscheidenden Grundlagen für den leidenschaftlichen und unversöhnlichen Kampf gegen den Feind. Seine Stärkung und Vertiefung in der Praxis des Klassenkampfes und an einem konkreten und realen Feindbild ist Aufgabe und Ziel der klassenmäßigen Erziehung. H ist zugleich ein dauerhaftes und stark wirkendes Motiv für das Handeln. Er muss daher auch in der konspirativen Arbeit als Antrieb für schwierige operative Aufgaben bewusst eingesetzt und gestärkt werden."

Im Juli 1969 erließ der inzwischen gegründete Nationale Verteidigungsrat ein neues Statut für das MfS. Auch jetzt blieb es beim Vorrang von Parteibeschlüssen gegenüber der Verfassung, Gesetzen und anderen Normen des Staates als Grundlage der Tätigkeit des MfS. Es blieb ein Organ des Ministerrates und sollte „als Sicherheits- und Rechtspflegeorgan die staatliche Sicherheit und den Schutz der DDR" gewährleisten. Hauptaufgabe war es, „feindliche Agenturen zu zerschlagen, Geheimdienstzentralen zu zersetzen und andere politisch-operative Maßnahmen gegen Zentren des Feindes durchzuführen" sowie deren „geheime subversive Pläne und Absichten … offensiv aufzudecken". Außerdem hatte das MfS Straftaten, „insbesondere gegen die Souveränität der Deutschen Demokratischen Republik, den Frieden, die Menschlichkeit und Menschenrechte sowie gegen die Deutsche Demokratische Republik aufzudecken" und „zu untersuchen". Nicht zuletzt hatte es auch „die zuständigen Staats- und Parteiorgane rechtzeitig und umfassend über feindliche Pläne, Absichten und das gegnerische Potenzial sowie über Mangel und Ungesetzlichkeiten zu informieren, die staatliche Sicherheit in der Nationalen Volksarmee und den bewaffneten Organen zu gewährleisten" und darüber hinaus gemeinsam mit dem Ministerium für Nationale Verteidigung und dem Innenministerium „die Staatsgrenze mit spezifischen Mitteln und Methoden zu schützen".

Auch dies waren wie schon im Statut von 1953 Bestimmungen, die in den Händen einer diktatorisch herrschenden Partei

wie der SED fast unbegrenzte Möglichkeiten der Machtausübung
und -sicherung zuließen. Das MfS war der politischen Führung
weiterhin vollständig untergeordnet, es verstand sich als „Schild
und Schwert der Partei". In der komplizierten und verquasten
Sprache der sozialistischen Machthaber beschrieb Mielke 1975
sein Überwachungsorgan „als spezielles Organ der Diktatur des
Proletariats, das in der Lage ist und über alle Mittel verfügt, unter
Führung der Partei gemeinsam mit den anderen staatlichen Organen und bewaffneten Kräften und in enger Verbundenheit mit
den Werktätigen die Arbeiter- und Bauern-Macht und die revo-
lutionäre Entwicklung zuverlässig gegen jede konterrevolutionäre Tätigkeit innerer und äußerer Feinde ... zu schützen sowie die
innere Sicherheit und Ordnung allseitig zu gewährleisten". Damit
war der totale und totalitäre Überwachungsanspruch der „Firma
Horch und Guck", wie der Volksmund das MfS sarkastisch nannte, im Auftrag der Partei deutlich beschrieben. „Wer ist wer" war
die wichtigste Frage, die sich die Mitarbeiter stellten, „Wissen ist
Macht" eine ihrer wichtigsten Erkenntnisse.

Ihren Hunger nach Wissen stillte Mielkes Truppe wie gesagt
auch im Westen. Mehrfach gelang es ihr, an wichtigen Stellen von
Bundesregierung, Parteien oder NATO Spione einzuschleusen,
die die Behörde in der Berliner Normannenstraße mit Material
über den „imperialistischen Klassenfeind" versorgten. Der be-
rühmteste war Günter Guillaume, der Spion im Kanzleramt,
der es bis zu einem Vertrauensposten bei Bundeskanzler Willy
Brandt brachte und 1974 enttarnt wurde.

Nach dem deutsch-deutschen Grundlagenvertrag 1972 und
vor allem der KSZE-Schlussakte 1975 wurde die Situation innerhalb der DDR komplizierter, denn die nun wachsende Bewegung
von Bürgerrechtlern und Ausreisewilligen stellten die Partei und
ihr „Schild und Schwert" vor schwierige Aufgaben. Nach außen
hin durften Überwachung und Repression nicht allzu deutlich
zutage treten, um die zunehmende internationale Anerkennung
der DDR nicht zu gefährden. Nach innen mussten die Methoden
ausgreifender und subtiler werden, wollte man die Oppositions-
und Ausreisebewegung in Schach halten. Es kam zu einer zuneh-

menden Verwissenschaftlichung der MfS-Methoden. Vor allem baute die Staatssicherheit nun immer stärker auf die „Quelle Mensch", wie Mielke die Inoffiziellen Mitarbeiter nannte. Ziel war es, mittels dieser Spione, das gesamte Leben der DDR unter Kontrolle zu haben, und zwar bis in den persönlichsten Intimbereich vermeintlicher oder tatsächlicher Regimegegner.

Bis zu 14.000 hauptamtliche MfS-Angestellte hatten einzig die Aufgabe, solche Spitzel zu rekrutieren, die dann von Führungsoffizieren oft über Jahre oder Jahrzehnte betreut wurden. Sie gewannen Ärzte, die das Arztgeheimnis brachen und Kenntnisse über ihre Patienten weitergaben, Anwälte, die ihre Mandanten verrieten, katholische Priester, die die Beichte der Gläubigen an ihren Führungsoffizier weitertrugen. Frauen bespitzelten ihre Ehemänner und umgekehrt, Jugendliche horchten im Auftrag der Stasi ihre Eltern aus, Freunde ihren Freundeskreis, Studenten ihre Kommilitonen, Arbeiter ihre Kollegen. In den meisten Fällen erledigten die IM ihre Aufgabe freiwillig und aus Überzeugung; es gab aber auch tragische Fälle, in denen sie aufgrund persönlicher Verfehlungen oder anderer Gründe unter Druck gesetzt wurden. Nicht selten gab es Geld oder Geschenke als Anerkennung für die geleisteten Dienste.

Für die Opfer hatten die IM-Berichte, die oftmals viele Aktenordner füllten und vor den Schlafzimmern oder Sanitärbereichen nicht haltmachten, häufig fatale Folgen. Sie landeten im Gefängnis oder wurden in ihrem beruflichen Fortkommen massiv behindert oder zurückgestuft. Sie durften nicht studieren oder Abitur machen und wurden Hausmeister statt Professor. Viele Betroffene leiden bis heute unter traumatischen Störungen, die zum Teil erst Jahre oder Jahrzehnte später zutage treten.

Daneben war die Staatssicherheit in allen Bereichen des wirtschaftlichen, kulturellen und gesellschaftlichen Lebens präsent. Ob in Betrieben, Kultureinrichtungen, Vereinigungen, Vereinen – die Stasi war einfach überall vertreten. Sie arbeitete mit zahlreichen anderen Einrichtungen zusammen. Gegen Ende der DDR hatte sie Zugriff auf die Datenträger von mindestens 300 Behörden, „in denen von Kontenbewegungen bis Geschlechtskrankhei-

ten alle nur erdenklichen Informationen über DDR-Bürger ge-
sammelt wurden" (Klaus Schroeder). Über knapp ein Viertel aller
Bürger (daneben auch über 2 Millionen Westdeutsche) hatte sie
Personalakten angelegt. Der technische Aufwand für ihren Überwachungsterror wurde immer ausgefeilter und mutete nicht selten geradezu grotesk an. Das MfS überwachte den Briefverkehr
und die Telefonkontakte ins Ziel genommener Personen, sie in-
stallierte Wanzen zum Abhören in den Wohnungen und Kameras
in gegenüberliegenden Häusern. Sie nahm Geruchsproben, mit
denen speziell antrainierte Spürhunde beobachtete Personen zum
Beispiel während einer Flucht erkennen konnten. Die zuständige
Dienststelle des MfS setzte nicht selten zehn oder mehr IM auf eine Person an und ließ sie von einem ganzen Trupp hauptamtli-
cher Mitarbeiter rund um die Uhr überwachen. Diese wurden mit
neuester Technik wie in Motorradhelme oder Büstenhalter einge-
bauten Kameras ausgestattet. Auch die neuentwickelte „operative
Psychologie" wurde angewandt. Ziel war die „Zersetzung" bestimmter Personen durch „Zersplitterung, Lähmung, Desorgani-
sierung und Isolierung feindlicher Kräfte" auf konspirativer Basis.
Für die Betroffenen bedeutete dies, dass die Stasi tief in ihr Leben
eindrang, sie bei Verwandten, Freunden und Kollegen über IM gezielt durch Falschinformationen diskreditierte. Besonders in Vi-
sier gerieten seit Mitte der Siebziger- und vor allem in den Achzi-
gerjahren DDR-Bürger, die in ihrem Land nur noch ein großes
Gefängnis sahen und es in Richtung Westen verlassen wollten. Sie
waren in den Augen Mielkes „Feinde, kriminelle Elemente und
andere Unverbesserliche". Was mit ihnen zu geschehen habe, stellte er unmissverständlich in einer Rede klar: „Ich will euch überhaupt mal etwas sagen, Genossen, wenn man schon schießt, dann
muss man dat so machen, dass nicht der Betreffende noch bei
wegkommt sondern dann muss er eben dableiben bei uns. Ja so
ist die Sache, wat is denn das, 70 Schuss loszuballern und der
rennt nach drüben und die machen ne Riesenkampagne."

Viele Frustrierte stellten mehrere Ausreiseanträge – bis sie
nicht in der Freiheit, sondern in einem der Stasi-Gefängnisse landeten. Die Stasi-Gefängnisse waren besonders gefürchtet, denn

hier galten Rechtsgrundsätze nichts. Die Gefangenen wurden in für Menschen unzumutbaren Zellen gehalten und durften in verschiedenen dieser Anstalten nur in einem kleinen, wenige Quadratmeter großen und mit einem Gitter überdachten Auslauf einmal am Tag frische Luft schnappen, wobei die Bewacher von oben auf sie herabblickten. Zumeist wussten sie tage-, sogar wochenlang nicht, wo sie waren, und während der oft stundenlangen Verhöre – häufig in der Nacht – wurde starker psychologischer Druck auf sie ausgeübt. Wer nicht „gestehen" wollte, wurde zum Beispiel mit der Drohung konfrontiert, seine Kinder nie wieder sehen zu dürfen oder dass man an seinen Ehepartner oder Freunde kompromittierende Geheimnisse aus der Privatsphäre weiterreichen würde, über die die Stasi aufgrund ihrer Ausspähung Bescheid wusste. Allein die Tatsache, dass die DDR-Staatssicherheit über eigene Gefängnisse verfügte und eigene Ermittlungen durchführte, macht sie zu einem gänzlich außergewöhnlichen, tief in die Struktur einer Diktatur eingebundenen und mit den Maßstäben eines Rechtstaates nicht zu erfassenden Geheimdienst.

Am Ende konnten dennoch Repression, Terror, Überwachung und Einschüchterung nicht verhindern, dass sich der Freiheitswille der Ostdeutschen Bahn brach. Der Grund war nicht ein Versagen des MfS, das seine Aufgaben durchaus „erfolgreich" erfüllte. Der Grund war das totale Versagen der SED-Führung, die zunehmend den Kontakt zur Realität verlor, den Freiheitsdrang unterschätzte, die riesigen ökonomischen Probleme nicht in den Griff bekam und nichts von ihrer Macht abgeben wollte. Nach dem Sturz von Staats- und Parteichef Erich Honecker versuchten dessen Nachfolger Egon Krenz und Hans Modrow (Ehrenvorsitzender der PDS bis zu ihrer Auflösung 2007, danach Vorsitzender des Ältestenrats der Nachfolgepartei Die Linke) zunächst, das MfS unter anderem Namen am Leben zu erhalten. Noch zu Zeiten Mielkes, der am 7. November, zwei Tage vor dem Fall der Mauer, zurücktreten musste, wurde mit der Vernichtung der Stasi-Akten begonnen. Das bis dahin allmächtige Ministerium für Staatssicherheit wollte seine Spuren verwischen. Dieser Versuch scheiterte zumindest zum Teil, weil Bürgerrechtler die Dienststellen besetzten und einen Teil der Akten retten konnten. Sie stehen heute in der Bundes- und den Landesbehörden für die Unterlagen des Staatssicherheitsdienstes der ehemaligen Deutschen Demokratischen Republik Betroffenen, Wissenschaftlern und Journalisten zur Verfügung. Für viele einstmals Ausspionierte war der Blick in ihre Akten ein Schock, als sie gewahr wurden, wer sie alles in ihrem Familien-, Freundes- und Kollegenkreis ausspioniert hatte.

Erich Mielke kam nach dem Fall der Mauer billig davon. Am 7. Dezember wurde er zwar wegen des Vorwurfs der Schädigung der Volkswirtschaft in Untersuchungshaft eingeliefert – just im ehemaligen Stasi-Gefängnis Hohenschönhausen. Doch auf Antrag seines Anwaltes wurde er wenige Monate später wegen zu schlechter Haftbedingungen in die Justizvollzugsanstalt Moabit verlegt. Mielke musste seine Haftzeit nicht dort verbringen, wo Tausende seiner Opfer gedarbt hatten. Verurteilt wurde er schließlich nicht wegen seiner Tätigkeit als jahrzehntelanger Chef des MfS, sondern wegen einer Begebenheit, die 60 Jahre zurücklag: Er hatte 1931 in Berlin zwei Polizisten erschossen. Schon 1995 wurde er auf Bewährung entlassen. Mielke starb am 21. Mai 2000 im 93. Lebensjahr. Hinsichtlich seiner führenden Mitwirkung am Überwachungs- und Repressionsterror in der DDR wurde er nie zur Verantwortung gezogen.

1.5 Die Todesstrafe

Am 17. Juli 1987 verkündete die „Aktuelle Kamera", die Nachrichtensendung des DDR-Fernsehens, dass zukünftig in der DDR die Todesstrafe abgeschafft sei. Heute zeigen sich viele Ostdeutsche verwundert darüber, dass es sie im angeblich so humanistischen Sozialismus überhaupt jemals gegeben hatte. Das Wissen darüber scheint tatsächlich sehr gering verbreitet zu sein. Viele wollen es einfach nicht glauben, weil sie es sich nicht vorstellen können. Allerdings gibt es auch ehemals systemtreue DDR-Bürger, zum Beispiel unter den Lehrern, die schlicht leugnen, dass in der selbst ernannten „Diktatur des Proletariats" jahrzehntelang Menschen hingerichtet wurden, weil diese Tatsache nicht in ihr Weltbild passt. So kann es nicht verwundern, dass sich dieser falsche Eindruck in den nachwachsenden Generationen immer weiter ausbreitet.

∗

Werner Teske wusste, was ihm bevorstand, als er am 26. Juni 1981 den Raum im Leipziger Gefängnis in der Alfred-Kästner-Straße betrat. Er ahnte allerdings nicht, dass es so schnell geschehen würde. Kaum hatte er die Türschwelle überquert, da trat ein Mann in seinem Rücken hinter der Tür hervor, zielte mit einer Pistole auf sein Genick und drückte ab. Teske sackte zusammen und war sofort tot. Hingerichtet durch einen „unerwarteten Nahschuss", wie diese Methode im menschenverachteten Jargon der DDR-Behörden genannt wurde.

Teske hatte es gleich in dreifacher Weise besonders schwer getroffen. Zunächst waren die Pläne des 39-jährigen Stasi-Hauptmanns für eine Flucht in die Bundesrepublik aufgeflogen. Das Todesurteil für das „Verbrechen" der Republikflucht, das Teske noch nicht einmal begangen hatte, war von SED-Chef Erich Honecker persönlich schon bestimmt worden, bevor die Gerichtsverhandlung überhaupt begonnen hatte. Und zudem war Teske an diesem Juni-Tag 1981 der letzte Bürger, der in der DDR hingerichtet wurde. Sein Prozess gut zwei Wochen zuvor hatte nur einige Stunden gedauert, der Verteidiger hatte gerade einmal 30 Minuten für sein Plädoyer gehabt.

Insgesamt 227-mal wurde in der DDR die Todesstrafe nach heutigen Erkenntnissen verhängt. Über die Zahl der tatsächlichen Vollstreckungen sind sich die Historiker noch nicht einig – sie schwankt zwischen 164 und 202. Anders als auf dem Gebiet der Bundesrepublik, wo sie 1949 mit der Verabschiedung des Grundgesetzes abgeschafft wurde, wurde sie im Strafgesetzbuch der neu gegründeten DDR verankert. Todeswürdig waren in der DDR zunächst vor allem NS-Verbrecher, aber auch in den Fünfzigerjahren wurden schon sogenannte „Spione" oder „Diversanten" hingerichtet. Damit waren DDR-Bürger gemeint, die in den Augen der Staatsmacht durch ihre Handlungen das Wirtschaftsleben oder die Verteidigungskraft der DDR beeinträchtigten. Wer das tat, bestimmten SED und Staatssicherheit, die Vorwürfe waren oft eine groteske Verdrehung der Tatsachen. Dass sie solcher Vorwürfe für „schuldig" befunden wurden, kostete beispielsweise 1955 einem Eisenbahner und einem Kraftwerksdirektor den Kopf. Ihre „Verbrechen": Der eine hatte eine Weiche falsch gestellt, der andere sich in den Westen absetzen wollen. Vor allem ab den Siebzigerjahren wurde das Todesurteil dann in erster Linie gegen in Ungnade gefallene Mitarbeiter des Ministeriums für Staatssicherheit wie Werner Teske ausgesprochen. In den bisher einschätzbaren Fällen wurden 89 Personen als NS-Verbrecher, 70 als Kriminelle und 52 wegen politischer Delikte hingerichtet.

Zu den Kriminellen gehörte auch der 19-jährige Erwin Hagedorn. Er hatte sich 1969 und 1971 an drei Jungen sexuell vergangen und sie anschließend ermordet. Das Todesurteil für diese zweifellos schlimmen Taten entsprach nicht einmal den Gesetzen der DDR. Denn erstens war er nicht auf Zurechnungsfähigkeit untersucht worden, und zweitens war er bei den ersten beiden Verbrechen minderjährig. Hagedorn gehörte zu den ersten Todeskandidaten, die mit einer neuen Methode hingerichtet wurden: dem schon erwähnten „unerwarteten Nahschuss". Dabei wurde ihm nur mitgeteilt, dass er bald erschossen werde, ein genauer Zeitpunkt aber nicht genannt, sodass der zwar erwartete Tod dann, was den Zeitpunkt anbetraf, überraschend kam. Übernommen worden war diese Methode aus der Sowjetunion, und in den Augen der sozialistischen Machthaber war dies eine „humane" Art der Hinrichtung. Vor allem im Vergleich zur bis 1968 verwendeten Guillotine, denn das noch aus dem „Dritten Reich" übernommene Modell arbeitete nicht immer sauber, was zu Protesten der Henker geführt hatte. In der Frühzeit der Republik war beispielsweise einmal das Beil des im DDR-Jargon „Fallschwertmaschine" genannten Hinrichtungswerkzeugs im Nacken eines Verurteilten stecken geblieben. Erst nach 39 Sekunden fiel der Kopf schließlich in die dafür vorgesehene Schüssel, wie ein Augenzeuge berichtete.

Hingerichtet wurde zunächst ausschließlich in Dresden, dann ab 1968 im Gefängnis in der Alfred-Kästner-Straße in Leipzig, wo zu diesem Zweck die ehemalige Hausmeisterwohnung genutzt wurde. Obwohl die Todesstrafe offizielles Gesetz war und als Ausdruck des „Humanismus" verkauft wurde („Indem die Todesstrafe der Sicherung und dem zuverlässigen Schutz unseres souveränen sozialistischen Staates, der Erhaltung des Friedens und dem Leben der Bürger dient, trägt sie einen humanistischen Charakter."), wurde ihre Durchführung strikt geheim gehalten. Wenn ein Todeskandidat in dafür vorgesehene Räume des Gefängnisses gebracht wurde, wussten davon nur der Anstaltsleiter, sein Stellvertreter (der von 1968 bis 1981 zugleich als Henker fungierte) sowie ein Arzt. Die Leichen wurden als „Abfall" oder „Anatomieleichen" im Leipziger Krematorium verbrannt und anonym bestattet, die Totenscheine waren gefälscht. Die Angehörigen erfuhren grundsätzlich nichts vom Schicksal der Hingerichteten. So hoffte Werner Teskes Frau noch bis nach dem Fall der Mauer, ihr Mann sei noch am Leben und irgendwo untergetaucht.

Sechs Jahre nach der letzten Hinrichtung wurde die Todesstrafe schließlich am 17. Juli 1987 Hals über Kopf abgeschafft. Der Schritt hatte keinen humanitären Hintergrund, sondern einen politischen. Denn zwei Monate später wollte Erich Honecker zum ersten Staatsbesuch in die Bundesrepublik reisen und in Bonn von Bundeskanzler Helmut Kohl mit allen Ehren empfangen werden. Die Bundesregierung hatte immer wieder auf die Abschaffung der Todesstrafe in der DDR gedrängt und so vollzog Honecker diesen Schritt als Zeichen seines guten Willens. Allerdings war die Abschaffung nach DDR-Recht verfassungswidrig, denn sie war vom Ministerrat beschlossen und verkündet worden. Die Volkskammer, die eigentlich das Recht dazu hatte, durfte erst Monate später darüber abstimmen.

Nicht alle Todesurteile waren wohl rechtswidrig, zumindest, was einige der Urteile gegen NS-Verbrecher betrifft, die ja auch in anderen Ländern hingerichtet wurden. Andere dagegen hatten als Hintergrund zweifellos die Willkür der Machthaber. Sowohl

die Staatschefs Walter Ulbricht und Erich Honecker als auch Stasi-Chef Erich Mielke griffen direkt in einzelne Urteilsfindungen
ein und verlangten die Todesstrafe. Einen rechtsstaatlichen
Maßstäben genügenden Prozess gab es in keinem Fall. Nach dem
Fall der Mauer kam es zu einigen wenigen Verurteilungen von
DDR-Juristen, die an Todesurteilen mitgewirkt und dabei im
Auftrag der Partei die Gesetze der DDR verletzt hatten. So wurden der Militärrichter und der Militärstaatsanwalt aus dem Prozess gegen Werner Teske wegen Totschlags und Rechtsbeugung
beziehungsweise Beihilfe zu vier Jahren Haft verurteilt.

2. Die Fürsorgediktatur

2.1 „Soziale Gerechtigkeit" I: Arbeit und Soziales

Seit dem Fall der Mauer ist die Klage über hohe Arbeitslosigkeit, soziale Unsicherheit und den Abbau von sozialen Leistungen in den neuen Ländern allgegenwärtig. Die Soziale Marktwirtschaft erscheint immer mehr Menschen dem Sozialismus unterlegen. Schließlich habe es dort keine Arbeitslosen gegeben und jeder sei ausreichend versorgt gewesen. Das Ideal der Gleichheit erscheint vielen wichtiger als das der persönlichen Freiheit. Aufgrund der Erfahrungen vieler Menschen in den neuen Ländern mit Langzeitarbeitslosigkeit und dem Gefühl, nicht gebraucht zu werden, dürfen solche Gefühle keinesfalls unterschätzt werden. Wer so redet, vergisst jedoch einen entscheidenden Punkt: Nicht die Marktwirtschaft ist verantwortlich für den Niedergang der Wirtschaft in den neuen Ländern, sondern er ist eine Spätfolge von Sozialismus und Planwirtschaft. Das soziale System der DDR aber war dem heutigen keineswegs überlegen. Ganz im Gegenteil.

*

Nach dem Krieg war es das Ziel der KPD/SED, die alten sozialen Schichten abzulösen und an ihrer Stelle die „Diktatur des Proletariats" zu installieren. So kam es unter dem Deckmantel der „Entnazifizierung" zu Massenenteignungen und einem gezielten Zurückdrängen der alten bürgerlichen Schicht. Im Mittelpunkt sollten von nun an die Arbeiterschaft und mit ihr die „verbündeten" Bauern stehen. Aufgrund bestimmter Maßnahmen wie dem „Recht auf Arbeit", das in der ersten Verfassung von 1949 festgelegt wurde, sollte es die Notwendigkeit einer Sozialpolitik nicht mehr geben. Diese galt nach den Vorgaben der sowjetischen Besatzungsmacht und der SED als Ausdruck der kapitalistischen Gesellschaft, in der Arbeiterinteressen systematisch unterdrückt würden. So fand der Begriff „Sozialpolitik" auch bis in die Sechzigerjahre kei-

ne Verwendung. Dies änderte sich, als einerseits der staatlich diri-
gierte „Antifaschismus" seine identitätsstiftende Rolle mit zunehmender zeitlicher Entfernung des „Dritten Reiches" immer weniger spielen konnte und die DDR sich zugleich immer stärker um
eine scharfe Abgrenzung zur Bundesrepublik bemühte. Nun galt
die „sozialistische Sozialpolitik" gewissermaßen als Markenzei-
chen der DDR. Sie sorgte – so die Partei – dafür, dass es den Arbeitern und Bauern im Arbeiter- und Bauernstaat viel besser gehe, als
im kapitalistischen Westen. Zugleich wuchs den nunmehr vehement als „sozialistische Errungenschaften" gefeierten Sozialleistungen immer stärker die Aufgabe zu, die diktatorische Einpartei-
enherrschaft zu legitimieren. Zugleich sollten durch den Hinweis
auf diese Leistungen Ansprüche auf politische Teilhabe der angeblich „führenden" Arbeiterklasse ruhiggestellt werden. Da es keine
Gegenkräfte gab, konnte es auch nicht zu einem Ausgleich sozial-
politischer Interessen (wie in der Bundesrepublik) kommen. Die
Partei erwartete demgegenüber Fügsamkeit und Dankbarkeit. Die
Menschen sollten die sozialpolitischen Leistungen quasi als Ge-
schenk der SED-Führung verstehen, als obrigkeitsstaatliche und
paternalistische Fürsorge für gehorsame Untertanen (davon, dass
sie sie selbst über Beiträge und Steuern zahlten, war keine Rede).
Der Bürger wurde so zum unmündigen Empfänger.

Das mit den Sozialleistungen verbundene Ziel war eine Grund-
versorgung aller Einwohner der DDR. Das Netz war dicht gespon-
nen, regelte die soziale Sicherung allerdings nur auf niedrigem Niveau. Es ging der SED-Führung auch nicht um die Versorgung des
Einzelnen, sondern um dessen Eingliederung in den Produktionsprozess. Sozialpolitik blieb somit ein Instrument der Wirtschafts-
politik. Der Einzelne hatte einen Wert nur als produktiver, also ar-
beitender Mensch. Das auf seinen Nutzwert reduzierte Menschen-
bild zeigte sich schnell, wenn DDR-Bürger nicht mehr produktiv
am Arbeitsprozess teilnahmen. Fast die Hälfte der Rentner lebte
selbst nach DDR-Maßstab unterhalb des Existenzminimums und
mussten sich ihre schmalen Bezüge durch (unversteuerte) Zusatz-
verdienste häufig aufbessern (siehe Kapitel *Rentner*). Noch schlim-
mer erging es pflegebedürftigen Personen, die oft unter men-

schenunwürdigen Umständen in Heimen leben mussten. Auch die gut ausgebaute Kinderbetreuung hatte letztlich diesen Hintergrund: Frauen sollten so die Möglichkeit bekommen, einer vollen Berufstätigkeit nachzugehen (siehe Kapitel *Frauenpolitik*).

Besonders deutlich wird die absolute Dominanz der Wirtschaft über den Menschen am Beispiel der Sozialhilfe. Sie spielte zwar eigentlich keine Rolle, weil es in der DDR ja offiziell keine Arbeitslosigkeit gab. So bezogen 1989 auch DDR-weit nur 5553 Personen diese Unterstützung. Gleichwohl ist das Beispiel ihres Versorgungsgrades vielsagend, gerade mit Blick auf die heutigen Diskussionen über das Arbeitslosengeld II beziehungsweise die Leistungen nach Hartz IV. Die einstige PDS kritisierte das damals noch geplante neue Versorgungssystem beispielsweise im brandenburgischen Landtagswahlkampf 2004 als „Armut per Gesetz". Sie verschwieg jedoch, wie es in der DDR ausgesehen hatte, als die PDS noch SED hieß: Dort hatten Sozialhilfeempfänger Anspruch auf 260 Mark als Alleinstehende und 420 Mark als Ehepaare (plus 45 Mark für jedes Kind). Das reichte – anders als die Versorgung in der Bundesrepublik – nicht einmal für das Nötigste und lag noch weit unter der Mindestrente, die viele Rentner unter die Armutsgrenze getrieben hatte. Der Anreiz, eine neue Arbeit aufzunehmen, war so verständlicherweise sehr groß.

Arbeit und Wirtschaft standen also im Mittelpunkt des gesamten politisch-gesellschaftlichen Systems, ebenso wie das Bildungs- und Ausbildungswesen auf sie ausgerichtet waren (siehe Kapitel *Bildungssystem* und *Ausbildung*). Dieses Recht gilt heute vielen DDR-Apologeten als Beweis dafür, dass die DDR sozialer gewesen sei als die heutige Bundesrepublik. Unterschlagen wird dabei allerdings, dass dieses Recht auch die Pflicht zu arbeiten sowie eine verdeckte Arbeitslosigkeit zur Folge hatte und dass die Beziehungen zwischen Arbeitnehmern und Arbeitgebern (also den staatlichen Betrieben) in keiner Weise vergleichbar den damaligen und heutigen in der Bundesrepublik waren und sind.

Die Pflicht zur Arbeit galt der Parteiführung angesichts der dauerhaften Mangelwirtschaft und der deutlich niedrigeren Produktivität der Arbeiter im Vergleich zu denen in der Bundesrepublik als

ungleich wichtiger als das *Recht* auf Arbeit. „Arbeitsbummelanten"
und „Asoziale" wurden gemaßregelt und im Wiederholungsfall
auch kriminalisiert. Sie konnten in besonders hartnäckigen Fällen
nach Paragraf 249 Strafgesetzbuch im Gefängnis landen. Entlas-
sungen waren praktisch unmöglich (außer bei Ausreisewilligen,
die mehrere Anträge zum Verlassen der DDR gestellt hatten; hier
wurde das Arbeitsrecht zu Zwecken der staatlichen Repression
missbraucht). Stark eingeschränkt aber waren die Rechte der
Werktätigen, denen zum Beispiel keine freie Wahl des Berufes zugestanden wurde (wodurch ganze Lebensentwürfe blockiert wurden) und die keine Tarifautonomie kannten, das heißt, bei Lohner-
höhungen einzig auf den guten Willen der Parteiführung angewiesen waren. Der Freie Deutsche Gewerkschaftsbund (FDGB) war
nicht in erster Linie Vertreter der Arbeitnehmerinteressen, sondern
der des Staates. Das bedeutet nicht, dass nicht manch ein Funktio-
när ehrlich bemüht war, Verbesserungen im Sinne der Arbeiter
durchzusetzen. Das wurde durch das Unterlaufen vieler staatlich-
zentralistischer Maßnahmen vor Ort in den Betrieben möglich.

Ins Reich der Mythen gehört die noch heute aufgestellte Behauptung, es habe in der DDR keine Arbeitslosigkeit gegeben.
Offiziell war das tatsächlich so – so konnte die SED-Führung
propagandistisch mit dem Finger auf die Arbeitslosigkeit in der
Bundesrepublik zeigen. In Wahrheit gab es auch in der DDR Arbeitslosigkeit. Sie wurde allerdings dadurch kaschiert, dass Betriebe mehr Werktätige aufnehmen mussten, als sie eigentlich be-
nötigten. So verschwanden diese aus der Arbeitslosenstatistik.
Westdeutsche Experten sprachen schon zu DDR-Zeiten von einer
„verdeckten Arbeitslosigkeit" oder auch von einer „Arbeitslosigkeit am Arbeitsplatz". Sie wurde auf etwa 16 Prozent geschätzt –
eine Zahl, die grob mit der Arbeitslosenquote in den neuen Ländern in den Neunzigerjahren vergleichbar ist. Die Umstellung auf
marktwirtschaftliche Grundsätze setzte diese versteckten Arbeitslosen frei und machte das Problem für alle sichtbar – ein
Grund für die wachsende Unzufriedenheit vieler Ostdeutscher.
Dass die eigentliche Ursache bereits in der DDR-Wirtschaft lag,
ist ihnen oftmals nicht klar.

Den Staat belastete dies mehr als bei einer ehrlich zugestandenen Arbeitslosigkeit, da er über die Betriebe den vollen Lohn anstatt einer Unterstützung für Erwerbslose zahlte. Die versteckte Arbeitslosigkeit, die durch die Überbelegung in den Betrieben eine Unterbeschäftigung vieler Werktätiger zur Folge hatte, und mit ihr einhergehend der fast vollständige Kündigungsschutz, hatte zudem zu DDR-Zeiten noch eine weitere negative Folge. Denn beides wirkte sich auf die Motivation und damit den Arbeitseinsatz der Werktätigen negativ aus. Denn sie wussten ja: „Mir kann nichts passieren". Damit soll nicht die Behauptung nachgeplappert werden, ostdeutsche Werktätige hätten nie richtig arbeiten gelernt oder seien in großen Teilen arbeitsscheu gewesen. Richtig ist sicher, dass viele wenig Anreize hatten, sich ordentlich ins Zeug zu legen (zum Beispiel auch, wenn Aufstiegschancen durch politische Vorgaben verbaut waren). Andererseits waren viele Werktätige im Produktionsbereich durch die Mangelwirtschaft häufig zur Untätigkeit verurteilt. Denn wenn beispielsweise wichtige Rohstoffe nicht angeliefert worden waren, konnten diese auch nicht verarbeitet werden. Ebenso konnten Maschinen nicht benutzt werden, wenn sie defekt waren und nötige Ersatzteile fehlten. Solche Probleme gehörten zum Alltag der zentral gesteuerten Planwirtschaft, und in nicht seltenen Fällen war es dem Einsatz der Mitarbeiter zu danken, dass ihr Betrieb überhaupt in Gang gehalten werden konnte. Bestimmte Wege mussten zudem während der Arbeitszeit gemacht werden (da die meisten Frauen ganztags arbeiteten, mussten sie mit ihren Kindern während der Arbeitszeit zum Arzt gehen). Das alles hatte eine im Vergleich zur Bundesrepublik deutlich reduzierte Pro-Kopf-Produktivität zur Folge, die einer der Gründe der wirtschaftlichen Probleme der DDR war.

Zudem kam es in der DDR zu einem interessanten Phänomen: Trotz der „verdeckten Arbeitslosigkeit" mit der Unterbeschäftigung vieler Werktätiger herrschte gleichzeitig ein Mangel an Arbeitskräften. Dies war systembedingt, denn die staatlichen Betriebe gaben zumeist einen überhöhten Arbeitskräftebedarf bei den zentralen Planstellen an, den diese zumeist nur schwer überprüfen konnten. Mit dieser Hortung von Arbeitskräften wollten sie si-

cherstellen, dass sie auf jeden Fall in der Lage sein würden, die
Planvorgaben zu erfüllen. Aber möglichst auch nicht deutlich
überzuerfüllen, denn dann wäre ja die überhöhte Zahl der Arbeitskräfte aufgefallen. Dass durch diese Absorption zugleich in anderen Betrieben oder Wirtschaftsbereichen ein Mangel an Arbeitskräften herrschte, verschlimmerte die Lage der Wirtschaft weiter.

Obwohl der Freie Deutsche Gewerkschaftsbund als Interessen-
vertretung der Werktätigen aufgrund seiner Durchdringung und
Instrumentalisierung durch die Partei weitgehend ausfiel, waren
die Werktätigen in den Betrieben keineswegs machtlos. Oftmals
nutzten sie geschickt die scheinheilige Rhetorik der Partei und
verwiesen auf die „führende Rolle der Arbeiterschaft", um Forderungen durchzusetzen und Anforderungen von der Betriebslei-
tung abzuschmettern. Nicht selten gelang ihnen das auch, denn
faktisch lief der Produktionsprozess in den Betrieben ohne sie
nicht. Da so die Unzufriedenheit immer unterhalb der Schwelle
blieb, die zur offenen und flächendeckenden Konfrontation geführt hätte (die berühmte Ausnahme war der Aufstand des 17.
Juni 1953), stabilisierten die Werktätigen so letztlich das System.
Das änderte sich allmählich in den Achtzigerjahren, als die SED-
Führung aufgrund der fortschreitenden Verschlechterung der
ökonomischen Situation immer weniger in der Lage war, Forderungen der Werktätigen nachzugeben.

Eine weitaus größere Rolle als in der Bundesrepublik spielte
der Betrieb. Er war nicht nur Arbeitsplatz, sondern mit seinen
Gesundheits- und Kinderbetreuungs- oder auch seinen Urlaubs-
einrichtungen auch eine Fürsorgeinstanz. Damit bekam er zugleich die Möglichkeit, Kontrolle über die Werktätigen auszuüben. Das gleiche Ziel hatte auch die private Einbindung der Einzelnen in Kollektive: Man verbrachte einen Teil des Privatlebens
ebenfalls mit den Kollegen des Betriebes. Welchen Einfluss dieses
System auf die DDR-Bürger nahm, ist heute schwer nachzuvollziehen. Die einen mögen es als bequem angesehen haben, dass sie
wie auch sonst in der realen sozialistischen Gesellschaft alles vor-
gesetzt bekamen – dafür aber auch der Eigeninitiative beraubt
wurden. Die anderen mag gerade dieser Aspekt in ihrer persönli-

chen Entfaltung und in ihrem Bestreben, ein möglichst frei von
politischen und gesellschaftlichen Einflüssen gestaltetes Privatle-
ben zu führen, sehr gestört haben. Insgesamt aber kann man mit
Blick auf die „sozialistische Sozialpolitik" festhalten, dass die
„weitreichende soziale Bevormundung des Bürgers durch den
Staat ... ihn zwar manchen Risikos und mancher Lebensunsi-
cherheit [entledigte]. Sie beraubte ihn aber auch der Möglichkeit
zur Entfaltung seiner schöpferischen Kräfte und stellte ihn unter
Kuratel. Der Bürger wurde zum lebenslangen Objekt staatlicher
Fürsorge und Erziehung" (Eckart Klein).

2.2 „Soziale Gerechtigkeit" II: Gesellschaft

*Es gehört auch zu den Mythen, die sich um die DDR ranken, dass es
dort praktisch keine sozialen Unterschiede gegeben habe. Alle Menschen hätten in etwa gleiche Einkommen und damit auch gleiche
Konsumteilhabe gehabt, ist oftmals zu hören. Ein Blick in die DDR-
Realität offenbart Erstaunliches – denn sie sah einmal mehr ganz
anders aus. Dass einige zudem gleicher waren als andere, wird häufig unterschlagen: Funktionäre, Angehörige der „bewaffneten Organe", Spitzensportler und Künstler zum Beispiel. Gerne wird heute
auf gierige Bankmanager verwiesen, die sich die Millionen in die Tasche schieben und quasi als Synonym für einen moralisch verkom-
menen Kapitalismus stehen. Vergessen ist, dass es in der DDR zwar
nicht Banker waren, die erst versagen und sich dann auf Kosten ihrer Aktionäre auch noch bereichern, sondern, dass es im real existierenden Sozialismus die SED-Spitze selbst war, die sich ihr gutes Leben alleine in den Achtzigerjahren mit 62,8 Millionen Mark finanzieren ließ, die sie für aus dem Westen importierte Güter ausgab, die
Otto Normalbürger nie zu Gesicht bekam – nicht auf Kosten von
Aktionären, sondern auf Kosten der Steuerzahler.*

*

Nach der Auffassung der SED war die DDR auf dem Weg von einer
sozialistischen zu einer kommunistischen Gesellschaft. Diese sollte

ein Arbeiterparadies sein, eine klassenlose „Gesellschaftsordnung,
in der die Produktionsmittel einheitliches Volkseigentum und alle
Mitglieder der Gesellschaft sozial gleichgestellt sind, in der alle
Mitglieder der Gesellschaft ihre geistigen und körperlichen Fähigkeiten allseitig entwickeln und zum Wohle der Gemeinschaft ein-
setzen". Die Arbeiter wurden allerdings nie gefragt, ob sie diese
Gesellschaft überhaupt wollten – freie Wahlen gab es in der DDR
bekanntlich nicht. Dass das Bürgertum und die als Kapitalisten
verschrienen Unternehmer Gegner der selbst ernannten „Diktatur
des Proletariats" waren, liegt auf der Hand. Dass der gerne verwendete Diktaturbegriff im krassen Widerspruch zur offiziell ver-
tretenen These stand, die DDR sei das demokratische Deutschland
(die Bundesrepublik dagegen das „faschistische" und „imperialistische", in dem die Interessen der Arbeiter vom Monokapitalismus
unterdrückt würden), nahm die Partei in Kauf. Doch Diktatur –
egal von welcher Gruppe oder Schicht getragen – und Demokratie
schließen sich gegenseitig grundsätzlich aus.

Den „real existierenden Sozialismus" sah die SED als Vorstufe
der angestrebten kommunistischen Gesellschaftsordnung. Dass
dieser Begriff aufgrund der zahlreichen Abartigkeiten (Repression,
Mauer) oder Fehlentwicklungen (Planwirtschaft, Umweltverseuchung) schon bald (und bis heute) fast ausschließlich spöttisch
verwendet wurde, war von der Parteiführung natürlich nicht geplant. Von einer klassenlosen Gesellschaft und vollkommener sozialer Gleichheit konnte keine Rede sein. Zwar wurden die alten
Eliten mit oft brutalsten Methoden beseitigt (siehe Kapitel *Antifaschismus*), zugleich aber entstanden neue, sodass die Arbeiter- und
Bauernschaft keineswegs wie propagiert die herrschende Klasse
wurde. Über den Status der neuen Schichten bestimmte ihr jewei-
liger Zugang beziehungsweise ihre Nähe zur Macht, also zur SED.
Politikwissenschaftler haben vier verschiedene Klassen in der
DDR definiert. Als oberste Klasse und damit als Herrschaftselite
fungierte demnach die administrative Dienstklasse im Staats- und
Wirtschaftsapparat, das heißt also, die obersten Funktionäre. Auch
systemtreue Professoren und bekannte Künstler konnten ihr ange-
hören. Ihr gehörten knapp 2 Prozent der Bevölkerung an, und ihr

Status definierte sich aus der Macht, die diese Schicht in der Hand hielt. Die Gruppe verfügte über hohe Einkommen, überdurchschnittliche Wohnverhältnisse und Privilegien.

Darunter lag als zweite Schicht die obere Mittelschicht. Sie setzte sich aus der operativen Dienstklasse zusammen, also aus Kadern der mittleren Führungsebene in SED, Massenorganisationen, Blockparteien oder Wirtschaft. Auch ihr gehörten zudem Wissenschaftler und Künstler an. Sie hatte zwar die unmittelbare Macht nicht selbst in Händen, arbeitete dieser aber als ausführendes Organ direkt zu.

Es folgte auf der dritten Ebene die breite Mittelschicht, die sich aus Facharbeitern, Wissenschaftlern, Lehrern oder Rentnern mit überdurchschnittlichen Bezügen zusammensetzte. Diese Schicht war in den weit gefassten Produktionsbetrieb integriert, ihre wirtschaftliche Stellung war (im Vergleich zur Bundesrepublik allerdings auf niedrigem Niveau) gesichert. Der Zugang zur politischen, ökonomischen oder gesellschaftlichen Macht blieb ihr indes vollkommen verschlossen.

Die vierte und damit unterste Schicht bestand aus ungelernten Arbeitern, landwirtschaftlichen Hilfskräften oder Personen, die für den Produktionsprozess nicht mehr einsetzbar waren (Rentnern, Behinderten, Kranken). Es zeichnete die Gesellschaft der DDR – im Gegensatz zu einer heute weitverbreiteten Meinung – aus, dass sie vor allem in den letzten zwei Jahrzehnten nur sehr wenig – und deutlich weniger als in der Bundesrepublik – sozial durchlässig war. Die führenden Schichten verschlossen sich ebenso wie die neue Bildungsschicht, sie rekrutierten sich zusehends aus sich selbst heraus. Arbeiterkinder hatten kaum eine Chance, über Bildung sozial aufzusteigen. Der Wille der höheren und mittleren Schichten, einen möglichen sozialen Abstieg ihrer Kinder zu verhindern, war größer als der Wille der Eltern aus der untersten Schicht, ihren Kindern einen sozialen Aufstieg zu ermöglichen. Mitte der Achtzigerjahre lag der Anteil studierender Arbeiterkinder bei 10 Prozent – und damit unterhalb der Quote in der Bundesrepublik (siehe Kapitel *Bildungssystem* und *Ausbildung*).

Bei den Bruttoeinkommen waren die Unterschiede im Vergleich zur Bundesrepublik geringer und glichen sich durch die unterschiedliche Besteuerung noch weiter an. Dies galt allerdings nicht für ausgewählte Personengruppen aus der Funktionärskaste. Während der durchschnittliche Bruttolohn eines Arbeiters oder Angestellten in einem Volkseigenen Betrieb (VEB) bei 1311 Mark lag, verdiente ein General des Ministeriums für Staatssicherheit zwischen 4000 und 6500 Mark. Auch Funktionäre der mittleren Ebene verfügten oft über ein deutlich über dem Durchschnitt liegendes Einkommen. Das war ein Beitrag zur Sicherung ihrer Treue gegenüber Partei und Staat. Alle sollten der Ideologie gemäß gleich sein, aber einige waren eben doch gleicher als andere. Das galt neben den Funktionären von Partei, Staat, Wirtschaft und Gesellschaft auch für bekannte Künstler und Sportler. Dieses bei einer Aufteilung in fünf Lohngruppen oberste Fünftel verfügte über 31 Prozent der Bruttoeinkommen. Das unterste Fünftel kam nur auf 13 Prozent. Gleichheit sieht zweifellos anders aus.

Im Vergleich zur Bundesrepublik sanken die Löhne beständig. 1989 betrugen sie im Durchschnitt nur noch 33,6 Prozent. Die Nivellierung der Einkommen hatte also eine eindeutige Tendenz nach unten. Es ging zwar der großen Masse weitgehend gleich – aber eben weitgehend gleich schlecht. Was das für den Alltag bedeutete, ist gut an einem Vergleich von Verbraucherpreisen und Kaufkraft abzulesen. Er zeigt, dass DDR-Bürger praktisch für alle Waren – sowohl für die des täglichen Bedarfs als auch für langlebige Industrieprodukte wie technische Geräte – zum Teil deutlich länger arbeiten mussten als Bundesbürger (siehe Tabelle). Da sowohl technische Geräte als auch Lebensmittel oftmals von niedrigerer Qualität waren, war der Lebensstandard der Menschen im real existierenden Sozialismus deutlich schlechter als der im „Kapitalismus". Ende der Achtzigerjahre standen eine durchschnittlich verdienende Familie im Osten und eine von Sozialhilfe lebende im Westen etwa auf einer Stufe. Dass langlebige Waren wie hochwertige Industrieartikel (Fernseher, Stereoanlage, Waschmaschinen) zudem künstlich verteuert wurden, um die Subventionen im Lebensmittelbereich zu finanzieren, machte es den unteren Einkommensschichten noch schwerer, sie zu erwerben.

Verbraucherpreise und Kaufkraft DDR/BRD (1985)

Waren bzw. Leistungsgut	Mengen-einheit	Einzelhandelspreise, Gebühren und Tarife (Jahresmitte 1985)	Zum Kauf erforderliche Arbeitszeit [1]
Industriewaren		**in DM bzw. M**	**Stunden:Minuten**
		grau = DDR	
Herrenoberhemd, Kunstfaser, einf. Qualität	Stück	20,–	1:22
		41,–	7:19
Damenfeinstrumpfhose, mittl. Qualität	Stück	2,99	0:12
		15,80	2:49
Bettwäsche, Baumwolle	Garnitur	39,95	2:43
		119,50	21:20
Farbfernsehgerät	Stück	1199,–	81:34
		5650,–	1008:56
Waschvollautomat	Stück	869,50	59:09
		2750,–	491:04
Personenkraftwagen (Lada Nova, 1550 ccm)	Stück	10210,–	694:33
		24500,–	4375:00
Dienstleistungen			
Elektrischer Strom	75 kWh	29,30	2:00
		7,50	1:20
Straßenbahn-, Busfahrt	1 Fahrt	1,93	0:08
		0,20	0:02
Herren-Formhaarschnitt	einmal	11,25	0:46
		1,90	0:20
Nahrungs- und Genussmittel			
Mischbrot, dunkel	1 kg	2,99	0:12
		0,70	0:07
Kartoffeln, abgepackt	5 kg	4,42	0:18
		0,90	0:10
Zitronen	1 kg	3,82	0:16
		5,–	0:54
Vollmilch-Schokolade mit Nuss	100 g	0,89	0:04
		3,85	0:41
Bohnenkaffee, mittlere Sorte	250 g	5,25	0:21
		25,–	4:28
Deutscher Weinbrand, 38 %	0,7 l	13,99	0:57
		30,–	5:21
Mieten			
2-Zimmer-Neubau mit K, D, B, Zentralheizung (Kaltmiete)	monatl.	390,–	26:32
		75,–	13:24

1) *Unter Zugrundelegung des durchschnittlichen Nettostundenlohnes eines Arbeitnehmers je geleisteter Arbeitsstunde von 14,70 DM in der BRD und 5,60 M in der DDR im Jahre 1985.*

Als 1990 die Währungsunion durchgeführt wurde, kam etwas
Erstaunliches zutage: Beim Blick auf die Vermögensverhältnisse
traten überraschend große Unterschiede auf, die nicht ins Bild einer sozialistischen, auf Gleichheit bedachten Gesellschaft passten. Die am Ende der DDR knapp 200 Milliarden angesparten
Mark verteilten sich auf rund 21 Millionen Konten. Ein Fünftel
der Spareinlagen fielen dabei jeweils auf die unteren 80 und obe-
ren 1,5 Prozent der Vermögensbesitzer. Es wird kein Zufall sein,
dass die zweite Zahl in etwa dem Anteil der Funktionärsober-
schicht und der bekannten Künstler, Sportler und Wissenschaftler entspricht. Ein anderer Vergleich verdeutlicht die Ungleichheit weiter: Während eine kleine Schicht von 3 Prozent über
Spareinlagen von mehr als 50.000 Mark verfügte, musste sich ein
Drittel aller Haushalte mit bis zu 5000 Mark begnügen.

Eine weitere Ungleichheit war über den Zugang zur DM gegeben. Wer Zugang zu ihr (meist über Westverwandte) hatte, war
privilegiert, da er in den Intershops, die Westwaren gegen Westgeld
anboten, kaufen oder auch Dienstleistungen wie Handwerkerar-
beiten auf dem Schwarzmarkt in DM begleichen konnte und damit bevorzugt wurde. „Die Intershops … hatten einen kulturprä-
genden Charakter. Sie entwickelten sich zu Tempeln einer gesamt-
deutschen und systemübergreifenden Konsumideologie und
trugen entscheidend zur Paralyse des real existierenden Sozialismus bei" (Stefan Wolle). Hier konnte man alle Westwaren erwerben, die das Ost-Herz erfreuten. Das Angebot in den Regalen ver-
mittelte keineswegs den Eindruck eines „verfaulenden Kapitalismus", von dem die SED-Propaganda sprach (eher erinnerte der
ständige faulige Geruch in den Obst- und Gemüseläden der DDR
an den Zustand des real existierenden Sozialismus). Über die „Ge-
schenkdienst- und Kleinexport GmbH Genex" konnten sich
DDR-Bürger Westwaren von „drüben" schicken lassen – aber auch
nur, insofern sie in der Bundesrepublik Verwandte hatten, die ihnen die Waren schickten und die Kosten für sie beglichen. Schließlich konnte, wer Geld hatte (ganz wie im verrufenen Kapitalismus)
in teuren Geschäften – den staatlichen „Exquisitläden" – einkaufen
gehen und dort höherwertige Waren erstehen. Bei denjenigen, die

nicht in solchen Geschäften einkaufen konnten, staute sich der Unmut an. „Die Spezialgeschäfte brachten zwar der DDR die begehrten Devisen, sie unterminierten jedoch die Gleichheitsideologie der herrschenden Kommunisten und trugen durch die Spaltung der Gesellschaft in Menschen mit und ohne DM zum Ende der zweiten deutschen Diktatur bei" (Rainer Eckert).

Wenn man „soziale Gerechtigkeit" also anhand möglichst nivellierter Einkommens- und Vermögensverhältnisse definiert, dann hatte die DDR zwar einen Schritt in diese Richtung gemacht. Gleichwohl genügten die „Erfolge" keineswegs den Ansprüchen der SED-Führung. Die Kehrseite waren mangelnde Leistungsanreize und eine Gleichmacherei, die für unbefriedigende Lebensverhältnisse (außer bei der kleinen Führungselite) sorgte.

Sehr wenig von der sogenannten sozialen Gerechtigkeit in der DDR spürten die Menschen, die für den Produktionsprozess nicht mehr zur Verfügung standen: die Rentner. Nach bundesrepublikanischen Maßstäben lebten nahezu alle Ost-Rentner unterhalb der Armutsgrenze. Armut war in der DDR zum großen Teil alt – und weiblich. Denn sie traf weit überdurchschnittlich Frauen im Rentenalter (Kapitel *Rentner*).

2.3 Frauenpolitik

Besonders gerne hob die offizielle SED-Propaganda die angeblich totale Gleichberechtigung von Mann und Frau in der DDR hervor. Hier sei der „Arbeiter- und Bauernstaat" der Bundesrepublik weit voraus, tönten Honecker und Co. gerne. Die Propaganda hatte durchaus Erfolg – noch heute glauben vor allem viele Frauen aus der ehemaligen DDR, dass das Land fortschrittlicher gewesen sei als der Westen. Sie werden in ihrem Glauben von interessierter Seite in Politik und Gesellschaft systematisch bestärkt.

*

Nach den Maßgaben des Marxismus-Leninismus und bei oberflächlicher Betrachtung stimmte die Behauptung sogar. Laut

Marx war Ausdruck der sozialen, ökonomischen und politischen
Gleichstellung von Frauen der Stand ihrer Integration in die Arbeitswelt. Nahm man diesen reduzierten Begriff von „Emanzipation" als Maßstab, hatte es die DDR weit gebracht: 1989 waren
91,2 Prozent aller Frauen zwischen 15 und 60 Jahren berufstätig
oder in einem Ausbildungsverhältnis. Ihr Anteil unter den Studierenden lag etwa bei der Hälfte. In Wahrheit aber war die DDR
eine von Männern patriarchalisch beherrschte Gesellschaft, die
Frauen als dringend benötigte Arbeitskräfte sah, die nebenbei
noch Kinder (als nachwachsende Arbeitskräfte) zur Welt brachten und erzogen. Jede öffentliche Diskussion über ihre wirklichen Nöte und Forderungen wurde unterbunden, die Frauen
wurden in ihrer tradierten Geschlechterrolle einbetoniert und
aus Führungspositionen in Politik, Wirtschaft und Gesellschaft
konsequent ausgeschlossen. Selbst im Arbeitsleben wurden Frau-
en jenseits der offiziellen Propaganda, was Karrierechancen und
Bezahlung anging, massiv benachteiligt. Die Frauen- (und Fami-
lien-)politik der SED hatte in Wahrheit auch keineswegs die
Emanzipation der Frauen zum Ziel. Sie war von Beginn an ein
Instrument ihrer Wirtschafts- und Bevölkerungspolitik. Die
DDR litt unter Arbeitskräfte- und Nachwuchsmangel – und den
sollten die Frauen beheben.

In den Fünfzigerjahren trat die SED mit großem Aufwand eine
Gleichstellungskampagne los. Unter dem Motto „Frauen in die
Produktion" sollten diese dabei helfen, die angespannte Wirt-
schaftslage zu verbessern. Zugleich waren sie damit auch besser
unter der Kontrolle der Partei, die sie in den Betrieben viel leichter mit ihrer ideologischen Überzeugungsarbeit erreichen konnte
als zu Hause. Um Mütter für den Arbeitsmarkt frei zu machen,
wurde das Netz der Kinderbetreuung ausgebaut. Die Frage, ob
dies dem Wohl von Kleinkindern zuträglich sei, wurde bewusst
unterdrückt. 1962 hieß es in der SED-Zeitung „Einheit": „Eine
gute Mutter aber ist heute eine arbeitende Mutter, die gleichberechtigt und gleich qualifiziert neben dem Vater steht." Das Fami-
liengesetzbuch (FGB) von 1966 legte fest, dass die Gleichberechtigung „die Ehegatten [verpflichtet], ihre Beziehungen zueinander

so zu gestalten, dass beide das Recht auf Entfaltung ihrer Fähigkeiten zum eigenen und gesellschaftlichen Nutzen voll wahrneh-
men können". Die Erziehung der Kinder und die Führung des
Haushaltes sollten beide Ehepartner so regeln, „dass die Frau ihre
berufliche und gesellschaftliche Tätigkeit mit der Mutterschaft
vereinbaren kann". Dieser Grundsatz blieb bis 1989 bestehen. Er
hatte nicht die Gleichberechtigung im Sinne von Emanzipation
und freien Entfaltungsmöglichkeiten der Frau als Ziel, sondern
einen Zustand, in dem sie neben ihren erzieherischen und häusli-
chen Pflichten voll in das Arbeitsleben integriert war.

Das Gesetz ging stillschweigend davon aus, dass Erziehung und
Haushalt in erster Linie Aufgaben der Frauen seien. Das ihr zuge-
standene Recht auf allseitige Entfaltung ihrer Persönlichkeit war
eindeutig nur auf ihr Recht zu arbeiten bezogen. Im Lehrbuch
zum FGB von 1972 war aus diesem Recht bereits eine Pflicht geworden. Dort hieß es: „Worauf es ankommt, ist, dass die Frau den
wachsenden Erwartungen und Anforderungen beider Lebensbereiche [also Arbeit und Familie; A.F.] gemäß ihr Leben gestalten
kann, dass sie nicht in dem einem Bereich (z. B. durch Auswei-
chen auf Teilbeschäftigung oder die Ablehnung verantwortungs-
vollerer Funktionen, durch den Verzicht auf mehrere Kinder oder
die Ehe) gravierende Zugeständnisse zugunsten des anderen Be-
reichs für notwendig oder unabänderlich erachtet." Das Recht auf
Arbeit wurde schon bald nur noch als Pflicht zur Arbeit gesehen,
wie sich indirekt schon aus einem bis 1989 richtungsweisenden
Urteil des Obersten Gerichts von 1950 (in dem Unterhaltsansprü-
che der Frau im Scheidungsfall grundsätzlich abgelehnt wurden)
ergab. Darin hieß es, dass „selbstverständlich jeder Mensch, auch
jede Frau, die Arbeitskraft dem Aufbau, der Erfüllung des Wirt-
schaftsplanes zur Verfügung zu stellen hat".

Unterstützung durch sozialpolitische Maßnahmen für arbeitende Frauen mit Kindern gab es in der Anfangszeit der DDR
nicht. Die Reaktion der Betroffenen folgte alsbald: Die Geburten-
rate ging stark zurück, viele Frauen arbeiteten nur noch in von
der Partei diskreditierten Teilzeit-Arbeitsverhältnissen und die
Scheidungsrate stieg an (was allerdings auch andere Gründe hat-

te). Vor allem der Rückgang der Geburtenraten von 16,5 Lebend-
geborenen pro 1000 Einwohner im Jahr 1950 auf 10,8 im Jahr
1975 alarmierte die SED-Führung, weil sie an möglichst vielen
Kindern als nachwachsende Produktionskräfte für die Wirtschaft
interessiert war.

Die Partei musste reagieren. Sie tat dies in den folgenden Jahren und Jahrzehnten bis 1986 mit zahlreichen sozialpolitischen
Maßnahmen, die die Situation der berufstätigen Frauen dahin
gehend verbesserten, dass Beruf und Familie leichter vereinbar
wurden. Hier hatten die Frauen in der DDR einen eindeutigen
Vorsprung im Vergleich zu denen in der Bundesrepublik. So wurden Arbeitszeitverkürzungen und zusätzliche Urlaubstage für
vollbeschäftigte Mütter mit mindestens zwei Kindern unter 16
Jahren ebenso eingeführt wie bezahlte Freistellung zur Pflege er-
krankter Kinder (bis zu 13 Wochen pro Jahr). Der Mutterschutz
wurde auf 26 Wochen bei vollem Nettogehalt ausgeweitet, ein be-
zahltes Babyjahr bei fortdauernder Betriebszugehörigkeit eingeführt und zinslose Familiendarlehen vergeben, die „abgekindert"
werden konnten, indem die zurückzuzahlende Summe mit jedem Kind sank. Dazu wurde die staatliche Kinderbetreuung
noch weiter ausgebaut, erneut ohne Diskussion über das Wohl
des Kindes (laut einer offiziellen, geheim gehaltenen Studie nahmen Kinder, die bis zur Vollendung des dritten Lebensjahres in
der Familie erzogen wurden, eine deutlich bessere Entwicklung,
zum Beispiel beim Sprachvermögen). Das passte natürlich nicht
in die Strategie der SED-Führung. Eindeutig waren ihr Erfolge in
der wirtschaftlichen Entwicklung wichtiger als solche in der
frühkindlichen. Tatsächlich stieg die Anzahl der Neugeborenen
bis 1985 wieder an, ehe sie sich wieder in einen Sinkflug begab.
Propagiert und gefördert wurde – allerdings ohne großen Erfolg
– vor allem die Drei-Kinder-Familie.

Vor allem diese sozial- und familienpolitischen Maßnahmen
sind es, die heute zu dem verbreiteten und in der politischen Auseinandersetzung instrumentalisierten Eindruck führen, Frauen
in den DDR seien – gerade auch im Vergleich zur Bundesrepublik – emanzipierter gewesen. Mit tatsächlicher Emanzipation

hatten diese Maßnahmen indes vor allem aus zwei Gründen nichts zu tun: Sie richteten sich erstens ausschließlich an Frauen (nahmen Männer also für Erziehung und Haushalt nicht in die Pflicht) und sorgten somit für eine erhebliche Doppelbelastung, die Frauen starkem Stress aussetzten. Zweitens zwängten sie die Frauen durch diese Fixierung in ihre althergebrachte Geschlechterrolle. Auf einem anderen Gebiet sollten Frauen allerdings tatsächlich „Gleichberechtigung" erlangen: „Zwar diente die Einbeziehung von Frauen in die Arbeitswelt vor allem ökonomischen Zwecken, in den Betrieben konnten sie jedoch auch besser indoktriniert und überwacht werden" (Rainer Eckert).

Umfragen vor und nach der Wiedervereinigung haben ergeben, dass Männer in der DDR ein noch konservativeres Rollenverständnis hatten als in der alten Bundesrepublik. Das betraf auch und vor allem ihren Anteil an der Hausarbeit und Erziehung. 1972 lagen beide laut einer Untersuchung zu 88,5 beziehungsweise 85,1 Prozent ausschließlich oder weitgehend bei der Mutter. „Nebenbei" hatten die Frauen aber auch noch ihren Job zu erledigen (bei höherer Arbeitszeit als im Westen). Der normale Alltag einer „gleichberechtigten" berufstätigen DDR-Mutter sah etwa so aus: „Um fünf Uhr morgens weckte sie die Kinder, machte sie für den Kindergarten oder die Schule fertig und brachte sie dorthin. Die Einrichtungen der Volksbildung hatten einen speziellen Frühhort eingerichtet, wo man die Kinder schon ab sechs Uhr abgeben konnte. Dann ging es mit einer ungeheizten und überfüllten Straßen- oder S-Bahn zur Arbeit. Nach Feierabend, also gegen 17 Uhr, holten die Mütter die übermüdeten und nervösen Kinder aus den ‚Einrichtungen' ab, erledigten auf dem Nachhauseweg die oft mit ‚Rennereien' und langem Anstehen verbundenen Einkäufe und hatten dann gerade noch Zeit für das Abendbrot. Nach dem ‚Sandmännchen' steckten sie die Kinder ins Bett und erledigten die wichtigsten Arbeiten im Haushalt." (Stefan Wolle)

Männer wurden durch die sozialpolitischen Maßnahmen nicht angesprochen, denn sie galten ausschließlich für Frauen (erst ab 1986 gab es gesetzlich beschlossene, seltene Ausnahmen).

So wurden die Frauen durch diese Maßnahmen, die offiziell für
ihre Gleichberechtigung sorgten, in Wahrheit durch den Staat in
ihre Rolle als Mutter und Hausfrau gedrängt, anstatt aus ihr teilweise befreit zu werden.

Selbst im Arbeitsbereich, in den die Frauen quantitativ und
qualitativ weit vorgerückt waren, waren sie starken Benachteili-
gungen ausgesetzt. So wurde der gesetzlich fixierte Grundsatz
„gleicher Lohn für gleiche Arbeit" flächendeckend durchbrochen
– wohlgemerkt nicht durch private Unternehmen wie in der Bundesrepublik, sondern durch den Staat selbst. Frauen erhielten, so
berichtet es der „Sozialreport '90", der von DDR-Wissenschaftlern
zusammengestellt wurde und auf offiziellen Angaben des Statistischen Amtes der DDR beruhte, im Produktionsbereich von Industrie und Bauwesen bei gleicher Arbeit und gleicher Qualifikation durchschnittlich 12 Prozent weniger Lohn als Männer. „Sowohl in Industrie und Bauwesen, als auch in allen Bereichen
liegen die Nettolöhne der weiblichen Produktionsarbeiter in den
einzelnen Lohngruppen prinzipiell unter denen der männlichen
Produktionsarbeiter. Weibliche Produktionsarbeiter werden gegenüber männlichen Produktionsarbeitern auch bei gleichen Anforderungen an Qualifikation und Verantwortung sowohl durch
unterschiedliche Zuordnung als auch bei gleicher Zuordnung zu
einer Lohngruppe benachteiligt", so der Report. Zudem arbeiteten sie erheblich häufiger in Niedriglohn-Berufen und waren erheblich häufiger als ihre männlichen Kollegen unterhalb ihrer
Qualifikation eingesetzt. Fast ausnahmslos waren Bezieher der
Mindestrente Frauen, Altersarmut (die weitverbreitet war, aber
offiziell nicht existierte) war zu großen Teilen weiblich. Staatliche
Berufs- und Ausbildungslenkung sorgte seit Mitte der Siebzigerjahre nach deutlichen Fortschritten auf diesem Gebiet dafür, dass
Frauen wieder stark in typische Frauenberufe abgedrängt und aus
den Männerdomänen wie technischen Berufen verdrängt wurden.

Schließlich blieb die Zahl der Frauen in Führungspositionen
verschwindend gering. Je höher die Funktionärsebene, desto geringer der Frauenanteil. Ganz oben lag er praktisch bei null. Das

traf nicht nur auf die Wirtschaft zu, sondern ebenso auf Politik und Gesellschaft. Die Führungsspitze der Partei war das beste Beispiel dafür. In den gesamten 40 Jahren, in denen die DDR existierte, schaffte es nicht eine einzige Frau ins Politbüro, das Organ, das die wichtigen Entscheidungen traf. Im Ministerrat saß nur Margot Honecker, im Zentralkomitee der SED waren ab 1986 9,7 Prozent weiblich. Das gleiche Bild zeigte sich in den Führungspositionen der Wissenschaft (1989 waren 5 Prozent der Professorenstellen von Frauen besetzt). In der Volkskammer sowie den Bezirks- und Kreistagen lag der Anteil zwar bei durchschnittlich 30 bis 40 Prozent – das waren jedoch Alibifrauen, weil diese Organe völlig einflusslos waren. Auch auf gesellschaftlicher Ebene hatten Frauen keine Stimme. Der Demokratische Frauenbund Deutschlands (DFD) war ein Sprachrohr der offiziellen SED-Propaganda, das in keiner Weise die wirklichen Interessen und praktischen Probleme der Frauen behandelte. Frauenrechtlerinnen haben daher zu Recht von einer „patriarchalischen Gleichberechtigung" in der DDR gesprochen: Die von den Männern fast zu 100 Prozent dominierte Politik bestimmte, was für die Frauen „gut" war und welches ihre Interessen zu sein hatten. Dabei standen jedoch eindeutig die ökonomischen und demografischen Interessen, denen die Frauenpolitik als Instrument diente, im Vordergrund. Es war ein Familientyp intendiert, der sich zuerst Staat und Gesellschaft verpflichtet fühlte. Die Belange der einzelnen Frau oder Familie spielten demgegenüber eine stark untergeordnete Rolle.

2.4 Wohnen in der DDR: Aufgewacht in Ruinen oder Die Schnarchsilos der Arbeiterklasse

Hartnäckig wird von DDR-Apologeten auf die niedrigen Mietpreise in der DDR als Kontrast zum heutigen „Mietwucher" verwiesen. Die Folgen der unnatürlich niedrigen Mieten waren indes dramatisch. Viele Menschen lebten in abbruchreifen oder stark sanierungsbedürftigen Altbauten ohne eigene Toilette oder wurden in menschenverachtende Plattenbausiedlungen gestopft. Es besagt viel, dass diese immer gleich aussehenden, genormten Wohnungen bei vielen DDR-Bürgern trotzdem beliebt waren – verfügten sie doch immerhin über Fernwärme, statt Kohleheizung. Der Staat übernahm sich aber völlig mit seinem riesigen Wohnungsbauprogramm und war auch deswegen am Ende pleite.

*

In der Erinnerung vieler ehemaliger DDR-Bürger gehören die äußerst geringen Wohnungsmieten zu den positivsten Erinnerungen. Tatsächlich waren sie im Vergleich zur Bundesrepublik kaum der Rede wert. Einmal vom Staat festgelegt, betrugen sie je nach Ausstattung der Wohnung zwischen 0,80 Pfennigen und 1,25 Mark pro Quadratmeter. 1989 gab ein durchschnittlicher Haushalt nur etwas über 2 Prozent seines monatlichen Aufkommens für die Miete aus. Dies wurde – was heute meist vergessen wird – durch erheblich höhere finanzielle Belastungen bei vielen Konsumgütern wieder zunichte gemacht (siehe Kapitel *Soziale Gerechtigkeit II: Gesellschaft*).

Die staatliche Subventionierung und das Fehlen marktwirtschaftlicher Rahmenbedingungen hatten zudem fatale Folgen. Bestehender Wohnraum (1989 waren fast 50 Prozent aller Wohnungen noch aus dem Bestand von vor dem Zweiten Weltkrieg) wurde kaum mehr saniert, weil es billiger war, ihn verfallen und damit unbewohnbar werden zu lassen, oder weil der marktwirtschaftliche Zwang zur Sanierung wegfiel. Damit waren die festgeschriebenen Mieten ein direkter Grund für den grassierenden Wohnungsmangel. Dadurch herrschten jahrzehntelang gleichzeitig ein krasses Unterangebot an Wohnraum und eine Überbelegung des bewohnbaren Wohnraums sodass viele DDR-Bürger froh sein mussten, überhaupt ein Dach über dem Kopf zu haben. Die Wohnungssuche, die staatlich über die Abteilung Wohnungswirtschaft bei den Räten der Kreise oder Stadtbezirke vollzogen wurde, entwickelte sich zum Hauptproblem für viele DDR-Bürger. Es entstand ein Wohnungsschwarzmarkt auf dem privilegiert war, wer gute Beziehungen hatte oder selbst zur Funktionärskaste gehörte. Viele Wohnungen hatten einen denkbar schlechten Standard, wozu sehr häufig Außentoiletten auf dem Flur und Ofenheizungen gehörten. Die Häuser waren sehr oft nach den Zerstörungen des Krieges nur notdürftig repariert worden und machten einen trostlosen Eindruck. Große Teile der Bausubstanz der DDR verfielen zusehends.

Seit Anfang der Siebzigerjahre reagierte die SED-Führung mit einem Wohnungsbauprogramm. Sie stellte es in den Mittelpunkt der Propaganda über die sogenannten „sozialistischen Errungenschaften". Die eindeutig und unübersehbar grassierende Wohnungsnot durfte es laut SED-Ideologie eigentlich gar nicht geben. Denn Wohnungsmangel war hiernach ausschließlich Ausdruck kapitalistischer Eigentumsverhältnisse, weil sich dort Arbeiter keinen vernünftigen Wohnraum leisten konnten und unter der Ausbeutung von Kapitalisten und Wucherern litten.

Ab 1971 entstanden gigantische, einheitlich normierte, in ihrer Architektur oft menschenfeindliche und unpersönliche Riesensiedlungen in Plattenbauweise, von den Bewohnern auch „Arbeiterschließfächer" oder „Schnarchsilos" genannt. Gleichwohl waren sie bei vielen DDR-Bürgern beliebt, weil sie einen gewissen Komfort wie Bad/Dusche, Innen-WC, Zentralheizung und Telefonanschluss hatten. Gleichwohl konnte die DDR bei der Ausstattung der Wohnungen mit der Bundesrepublik bei Weitem nicht mithalten. Einige Vergleichszahlen verdeutlichen das: Hatten in der DDR nach offiziellen Angaben 41 Prozent aller Wohnungen einen Anschluss an die Zentralheizung, so waren es in der Bundesrepublik 71 Prozent; bei der Ausstattung mit Bad/Dusche lag das Verhältnis bei 74 zu 93, bei der mit einer Innentoilette bei 68 zu 95. Die durchschnittliche Wohnungsgröße betrug 1985 im Osten 58 Quadratmeter, im Westen 92. Pro Kopf standen im Osten durchschnittlich 27 Quadratmeter zur Verfügung, im Westen 35.

Obwohl es zwischen 1973 und 1989 unbestreitbar Fortschritte bei der Wohnungssituation gegeben hat, herrschte auch am Ende der DDR eine schlimme Wohnungsnot. Bei den staatlichen Wohnungsämtern lagen 1989 weit mehr als 700.000 Anfragen nach Wohnraum. Die SED-Führung konnte ihr Versprechen von 1971,

bis 1990 2,9 Millionen Wohnungen zu bauen oder wieder be-
wohnbar zu machen, bei Weitem nicht einhalten. Sie ließ, wie
sich 1990 herausstellte, massiv die Zahlen fälschen, um dieses aus
propagandistischen Gründen höchst peinliche Versagen zu ver-
decken. In Wahrheit wurden lediglich knapp 2 Millionen Wohnungen gebaut oder saniert, wobei die höchst mangelhaft ausge-
fallenen Sanierungen oftmals nicht einmal von den wenig ver-
wöhnten DDR-Bürgern als solche bezeichnet wurden. Blieb die
Zahl der Wohnungen also weit hinter den vollmundigen Ankündigungen zurück, so war die tatsächliche Lage indes sogar noch
dramatischer. Denn mit der Hälfte der neuen und wieder be-
wohnbar gemachten Wohnungen musste zunächst der Woh-
nungsbestand von 1970 gesichert werden, da im Zeitraum bis
1981 rund 1 Million Wohnungen aus dem Bestand herausfielen,
weil sie völlig unbewohnbar geworden waren, leer standen oder
abgerissen wurden. Die mit großem propagandistischem Aufwand verkauften „Erfolge" beim Wohnungsbau waren somit zu
weiten Teilen eine schlichte Lüge.

Da die neuen Siedlungen an den Rändern der größeren Städte
errichtet wurden, hatte dies schlimme Folgen für die Innenstädte.
Diese verfielen nun noch weiter, ganze historische Stadtkerne wurden dem Verfall preisgegeben oder einfach abgerissen. Dagegen
entwickelte sich in der Endphase der DDR zunehmend Protest.

2.5 Das Bildungssystem: Elitenbildung
    im Reich der Gleichen

*Zu welch grotesken Ergebnissen das Schönreden führen konnte, zeigte
im März 2009 eine Szene mit dem brandenburgischen Ministerpräsidenten Matthias Platzeck. Als der SPD-Politiker, der mit der DDR als
Diktatur durchaus kritisch umzugehen pflegt, in Berlin ein Buch des
ehemaligen Vizepräsidenten der DDR-Staatsbank Edgar Most vorstellte, wollte er beim Lob über die DDR nicht zurückstehen. Allen
Ernstes behauptete Platzeck nach einem Zeitungsbericht, er habe Ex-
SED-Chef Walter Ulbricht zu verdanken, dass er als Kind eine Spezi-*

alschule für Mathematik und Physik besuchen durfte. Voller Dankbarkeit hatte er für den Mauer-Erbauer auch gleich noch ein persönliches Lob parat: „Der war manchmal fitter als das heute oft dargestellt wird." Einmal abgesehen davon, dass heute niemand auf den Gedanken kommen würde, Bundeskanzlerin Angela Merkel persönlich dafür zu danken, dass er ein Gymnasium besuchen durfte, werden die „Errungenschaften" nur auf wenigen Gebieten so hartnäckig verteidigt wie auf dem der Bildungspolitik. Ihr Ziel, ein entindividualisiertes, gleichförmiges und leicht von der Staatspartei zu steuerndes Kollektivwesen heranzubilden – also die Schaffung des anvisierten „sozialistischen Menschen", erreichte sie nicht. Denn viele Eltern und ältere Schüler wollten da einfach nicht mitmachen, was einmal mehr zeigt, dass man gerade nicht die Menschen persönlich angreift, wenn man das System der Diktatur entlarvt. Dass das Bildungssystem aber auch keineswegs mehr Bildungsgerechtigkeit hervorbrachte, wird heute von seinen Verfechtern geflissentlich verschwiegen oder ist ihnen schlicht unbekannt.

*

Das Bildungssystem der DDR stand unter einem totalitären Anspruch der SED – und zwar von der Krippe bis zum Ende der Hochschulausbildung. Gemäß dem Marxismus-Leninismus galt der Partei das Bildungswesen als Machtinstrument zur Durchsetzung der herrschenden Klasse. Gelehrt werden sollte auf der Grundlage der „objektiven Wahrheiten" dieses „wissenschaftlich fundierten" Marxismus-Leninismus. Alle Inhalte des schulischen und außerschulischen Erziehungs- und Bildungssystems „waren nach marxistischem Verständnis Gegenstände gesellschaftlicher Entscheidung und wurden als solche von der SED maßgeblich festgelegt" (Udo Margedant). Das Ziel lautete, die Heranwachsenden zu „sozialistischen Persönlichkeiten" zu formen. Ihnen sollte eine „unverrückbare Klassenposition" beigebracht und gelehrt werden, „für die Sache des Sozialismus in jeder Situation Partei zu ergreifen und die ganze Kraft für die begeisternden Aufgaben der sozialistischen Revolution einzusetzen", wie es im Lehrplan des Fachs „Staatsbürgerkunde" aus dem Jahre 1983 hieß. Was das auch bedeutete, war bereits fünf Jahre zuvor in einem Handbuch zum Geschichtsunterricht dargelegt worden. Anhand von konkreten historischen Vorbildern sollte die „Liebe zu den Kräften des Fortschritts, insbesondere zu der von ihrer marxistisch-leninistischen Partei geführten Arbeiterklasse" vermittelt werden. „Gegenüber den Feinden des Volkes und des Fortschrittes werden dagegen Gefühle des Hasses und des Abscheus hervorgerufen." Schon den ganz Kleinen sollte die richtige ideologische Haltung eingebläut werden. Der „Bildungs- und Erziehungsplan für den Kindergarten" legte 1968 fest: „Der Kindergarten verwirklicht die ihm von der sozialistischen Gesellschaft gestellten Aufgaben ..." „Insgesamt ging es im Bildungswesen weniger um Kreativität und Individualität als um ideologische Gleichschaltung und Einbindung in vorgegebene Strukturen sowie um die Überwachung durch die Geheimpolizei und [den] kommunistische[n] Jugendverband" (Rainer Eckert).

Schon die Umgestaltung des Schulsystems seit 1946 war Ausdruck der ideologischen Instrumentalisierung des Bildungssystems gewesen. Nach dem Schulgesetz gliederte sich das Bildungswesen in die Vorstufe (Kindergarten), die achtklassige Grundstufe, die Oberstufe (Berufs- und Fachschule oder vierjährige Oberschule) sowie Hochschulen und Universitäten. Mit dem neuen Schulgesetz von 1959 wurde die zehnklassige allgemeinbildende Polytechnische Oberschule (POS) zur Pflichtschule erklärt. Es stellte sich aber heraus, dass die POS nicht in der Lage war, die Schüler wie geplant zur Hochschulreife zu führen. Daher wurde 1965 die Erweiterte Oberschule (EOS) eingeführt, an deren Ende die Schüler nach zwei Jahren das Abitur erwarben. Die Zulassung zu dieser Schulform brachte eine eigentlich nicht gewünschte Auslese, dafür aber die Anerkennung der Tatsache mit sich, dass eine Einheitsschule für alle Schüler keine ausreichenden Qualifikationen für bestimmte Berufe oder ein Studium sicherstellte. Das durchschnittliche Verhältnis von Klassenstärke zu Lehrer war 1985 in Ost (20,6) und West (22,4) weitgehend gleich.

Mit dem totalitären Erziehungsanspruch der Einheitsschule, der sich auch auf die außerschulischen Organisationen wie die Freie Deutsche Jugend (FDJ) (siehe Kapitel *Jugend*) erstreckte, ging die Unterdrückung jeglicher Individualität einher. Das Ziel der Einheitsschule war eine strikt normierte und gleichförmige Erziehung. Es zeigte sich indes im Laufe der Zeit, dass die unterschiedlichen Neigungen und Fähigkeiten der Schüler sich im außerschulischen Bereich Bahn brachen, zum Beispiel in Mathematik-Arbeitsgruppen, Musikschulen oder der Schüler-Urania. Dieser aus ideologischen Gründen unerwünschten Entwicklung stand die Einheitsschule hilflos gegenüber. Ebenso gab es Eliteschulen für besonders begabte Schüler, die mit der sozialistischen Gleichheitsideologie in keiner Weise zu vereinbaren waren. Gelehrt wurden trotz des „fortschrittlichen" Anspruchs althergebrachte, dem klassischen Kleinbürgertum entnommene Werte wie Sauberkeit, Pünktlichkeit, Ordnung und Fleiß.

Auch auf einem anderen, ebenfalls ideologisch hoch bewerteten Feld scheiterte die SED kläglich. Nach 1945 hatte sie das „bürgerliche Bildungsmonopol" brechen und die Arbeiterschaft auch im Bildungsbereich zur führenden Klasse machen wollen. Es wuchs eine neue Bildungselite heran, die die alte ablöste – sich aber im Laufe der Jahre und Jahrzehnte immer mehr verfestigte und sich aus sich selbst heraus erneuerte. Die Folge war ein ständiger Rückgang des Anteils der Arbeiter an dieser Bildungsschicht. Mitte der Achtzigerjahre war die Quote der Arbeiterkinder, die ein Studium aufnahmen, auf 10 Prozent zurückgegangen. Damit verstärkte seit Mitte der Sechzigerjahre das Bildungssystem die soziale Differenzierung der Gesellschaft, welche Historiker mit einer Ständegesellschaft mit feudalen Zügen vergleichen. Das war exakt das Gegenteil des ursprünglich intendierten Ziels einer Egalisierung im Bildungsbereich. Soziale Gleichheit über das Bildungssystem herzustellen, erwies sich als unmöglich. Und selbst die geringe Zahl der Arbeiterkinder unter den Studierenden muss noch kritisch hinterfragt werden, weil die SED mit dem Begriff „Arbeiter" zu Verschönerungszwecken sehr großzügig umging. So gehörten beispielsweise Kinder von Funktionären und Angehörigen der Nationalen Volksarmee (NVA) zur „Arbeiterklasse". Trotz dieser statistischen Verfälschung lag die Zahl unter der in der Bundesrepublik. Das Gleiche galt für den prozentualen Anteil der jungen Men-

schen, die ein Studium aufnahmen. Er betrug in den letzten Jahren
der DDR rund 12, dagegen in der Bundesrepublik, wo es nach der
sozialliberalen Reformpolitik zu einer Bildungsexpansion kam,
mit steigender Tendenz 18 Prozent (zum Vergleich: Heute streben
Bildungspolitiker eine Quote von 40 Prozent an). Gerne verschwiegen wurde damals von offizieller Seite und wird heute von
den Apologeten eines angeblich besseren Bildungssystems in der
DDR die hohe Zahl derjenigen Schüler, die die Schule ohne Abschluss verließen. Sie lag in den Achtzigerjahren zwischen 11 und
14 Prozent, so der Bildungswissenschaftler Bernd-Reiner Fischer
(zum Vergleich: 2006 waren es in der Bundesrepublik nach Angaben von Unicef 8 Prozent der 15- bis 17-Jährigen. Ist diese Zahl
ohnehin niedriger, darf zudem nicht vergessen werden, dass ein
Teil davon aus ausbildungsfernen Familien mit Migrationshintergrund stammt – einer Bevölkerungsgruppe, die es in der DDR gar
nicht gab).

Um sich eine den sozialistischen Grundsätzen treu ergebene
Bildungselite heranzuziehen und somit die „Verfügbarkeit der
Individuen zu sichern" (Bernd-Reiner Fischer) legte die Partei
die Zulassungskriterien für die EOS und das Studium an einer
Hochschule oder Universität zentral fest. Im Mittelpunkt standen
neben der Notengebung ideologisch bestimmte Kriterien: eine
„politisch-moralische Reife" und eine „Verbundenheit mit der
Deutschen Demokratischen Republik". Die Folge war, was Max
Weber eine „negative Führungsauslese" genannt hat. Durch diese
Zulassungskriterien kamen nicht die Besten, sondern die Ange-
passtesten an die Hochschulen und damit in den Wissenschaftsbereich. Gefördert wurden nicht Individualität und Kreativität
(zwei für Wissenschaftler unverzichtbare Eigenschaften), sondern ideologische Anpassung und diszipliniertes Sozialverhalten.

Ausdruck des ideologischen Missbrauchs der Bildungspolitik
durch die SED war in den Siebzigerjahren auch die Einführung
der Wehrerziehung an Schulen und Universitäten sowie während
der betrieblichen Ausbildung. Ziel war es, „die Mädchen und
Jungen mit ausgewählten Grundkenntnissen der Landesverteidigung vertraut zu machen und ihre Wehrbereitschaft zu fördern".

So hieß es in einer Direktive des Ministeriums für Volksbildung und Gestaltung des Wehrkundeunterrichts, der 1979 an den Schulen eingeführt wurde. Schon die Kleinsten im Kindergarten sollten die Bedeutung der Landesverteidigung erkennen und lernen, den Klassenfeind zu hassen. So gab die von der FDJ herausgegebene Zeitschrift „Bummi" den Erzieherinnen und Erziehern als Anleitung mit, sie sollten den Kindern beibringen: „Unsere Soldaten müssen beim Schießen gut treffen" oder: „Unsere Soldaten lernen gut beobachten, damit sich keine bösen Menschen einschleichen können."

Eine weitere Determinante war die enge Verbindung des Bildungssektors mit den ökonomischen Anforderungen des Staates. Erziehung und Ausbildung orientierten sich vorrangig am Bedarf an Arbeitskräften. Schon auf dem VI. Parteitag der SED 1963, auf dem der umfassende Aufbau des Sozialismus beschlossen worden war, hatte Walter Ulbricht betont: „Die Erziehung des Menschen und die Lösung der ökonomischen Aufgaben sind eine Einheit." Vier Jahre später auf dem VII. Parteitag wurde dann das gesamte Bildungswesen in die volkswirtschaftliche Planung einbezogen. Daran änderte sich bis zum Zusammenbruch der DDR nichts. Die Belange der Volkswirtschaft standen über denen des Einzelnen.

Auf die Anpassung der Lehrer an die ideologischen Vorgaben legten die SED-Führung und Bildungsministerin Margot Honecker, die von 1963 bis 1989 der DDR-Bildungspolitik ihren Stempel aufdrückte, großen Wert. Lehrer galten als Werkzeuge der Partei, die die Kader von morgen produzierten. Staats- und Parteichef Erich Honecker bezeichnete sie als „Beauftragte des Arbeiter- und Bauernstaates". Eigenverantwortliches pädagogisches Handeln wurde von ihnen nicht erwartet. Sie hatten die Vorgaben der Partei (der Unterricht wurde in den ideologielastigen Fächern wie Geschichte und „Staatsbürgerkunde" teilweise bis in die einzelne Stunde vorgegeben) umzusetzen und dabei die Schüler dezidiert zum Hass auf den Klassenfeind zu erziehen.

Inwieweit Lehrer, die zum großen Teil Mitglied der SED waren, im schulischen Alltag Freiraum hatten und ihn nutzten, ist heute kaum mehr nachvollziehbar. Insgesamt sind sich Bildungsexperten heute aber einig, dass die Systemtreue der Lehrerschaft größer war als die der durchschnittlichen Bevölkerung. Dies ist zweifelsohne ein Grund für die heute zunehmend positive Sichtweise, die viele Schüler in den neuen Bundesländern auf die DDR haben, die aber mit der Realität wenig zu tun hat. Da nahezu alle Lehrer nach der Wiedervereinigung im Schuldienst verblieben, haben sie seit nunmehr 20 Jahren die Möglichkeit, ihre weniger kritische und zum Teil auch positive Sichtweise, die sie vor allem mit Blick auf die „sozialistischen Errungenschaften" haben, an die Schüler weiterzugeben und damit Einfluss auf sie auszuüben. Es darf aber nicht unerwähnt bleiben, dass es auch Lehrer gab, die zwar selbst vor ihren Schülern aus Gründen des Selbstschutzes keine Kritik am System übten, diese aber von ihren Schülern durchaus duldeten. Ihr Verhalten und der Grad ihrer Anpassung konnten sehr unterschiedlich sein.

Die Schüler waren in Unterricht und Freizeit einer ständigen Politisierung ausgesetzt, die aufgrund der formelhaften und ideologisch aufgeladenen Sprache sowie der standardisierten Rituale vor allem in den Achtzigerjahren zu einer weitgehenden Entpolitisierung führte. Da dieser Zustand für sie alltäglich war und sie gar nichts anderes kannten, war er vielen gar nicht bewusst. Die Schüler nahmen in der Regel das meiste auch gar nicht auf. Doch es gab – ebenfalls unbewusste – Folgen des dauernden Einwirkens: Sie waren obrigkeitshöriger und staatsgläubiger als ihre Altersgenossen im Westen. Wie Umfragen weiter ergaben, sahen sie die DDR Ende der Achtzigerjahre aber erstaunlich kritisch, was in erster Linie auf den starken Einfluss der Westmedien und einen sich immer stärker ausprägenden Wunsch nach Individualisierung zurückzuführen sein dürfte (siehe Kapitel *Jugend*). In diesem Sinne hat die Bildungspolitik der SED mit ihrem totalitären Anspruch auf den Menschen und ihrem Ziel, die „sozialistische", entindividualisierte Persönlichkeit zu schaffen, versagt. Erfolgreicher war sie im Wissenschaftsbereich. Hochschulprofessoren und Studenten waren weitgehend angepasst. Bei der friedlichen Revolution 1989, die zum Fall der Mauer und zum Ende der DDR führte, spielten beide Gruppen kaum eine Rolle.

2.6 Ausbildung: Staatlich gelenkte Berufswahl

Bei Fragen nach der unterschiedlichen Qualität der Ausbildung und der Berufschancen ist besonders die Meinung heutiger Schüler interessant. Umfragen der Politikwissenschaftler Klaus Schroeder und Monika Deutz-Schroeder von der Freien Universität Berlin ergaben im Jahr 2007, dass in den neuen Bundesländern zwei Drittel der Schüler das Ausbildungssystem der DDR dem der Bundesrepublik vorziehen und nochmals 16 Prozent es für gleichwertig halten. Auch unter westdeutschen Schülern fanden mehr als die Hälfte das einstige DDR-System besser oder gleichwertig.

*

Das Ergebnis kann nicht überraschen, denn viele Schüler ließen sich von zwei Maximen der DDR in ihrer Meinung lenken: vom „Recht auf Arbeit" und der staatlichen „Garantie eines Ausbildungsplatzes". Kein Einziger der befragten Schüler wusste allerdings, wie das DDR-System konkret aussah und welche Folgen es für den Einzelnen hatte. Dagegen kannten sie die mit dem freieren westdeutschen Modell verbundenen Probleme. In der Bundesrepublik hat einerseits jeder das Recht auf freie Wahl des Berufes beziehungsweise der Berufsausbildung, andererseits herrschten vor allem seit der Wende ein Ausbildungsplatzmangel und eine hohe Arbeitslosigkeit (die es allerdings bei einem Fortbestand der DDR – wenn auch verdeckt – in den Neunzigerjahren ebenfalls gegeben hätte). Individuelle Freiheit und persönliches Risiko sind somit größer, wenn es auch staatliche Mittel gibt, das Zweite abzumildern. Auch die Tatsache, dass dem „Recht auf Ausbildung" auch eine Pflicht gegenüberstand (die in der Realität weit im Vordergrund stand), war den meisten Schülern unbekannt. Bei einer oberflächlichen Gegenüberstellung muss das System der DDR zwangsläufig besser abschneiden.

Die Wirklichkeit sah indes im real existierenden Sozialismus wieder einmal völlig anders aus, als es Ideologie und Propaganda weismachen wollten. Wie alle Lebensbereiche gerade auch junger

Menschen war die Ausbildung streng in das Gesamtsystem integriert. Es unterstand den wirtschaftlichen Erfordernissen des
Staates und war nicht an den Wünschen und Bedürfnissen des
Einzelnen interessiert und ausgerichtet. Nur ein kleiner Anteil von
etwa 15 Prozent der Schüler der Polytechnischen Oberschulen
(POS; siehe Kapitel *Jugend*) wurde anschließend auf die Erweiterte Oberschule (EOS) zugelassen. Zu den Zulassungskriterien gehörten nicht nur gute Noten, sondern auch gesellschaftliches Engagement, Treue zur Partei sowie das familiäre Umfeld. Dieses
von ideologischen Gesichtspunkten geleitete staatliche Vertei-
lungssystem versperrte vielen Jugendlichen, die gerne Abitur machen und studieren wollten, den Weg. Der größte Teil der Schüler
besuchte die POS, auf der zugleich theoretische und praktische
Kenntnisse gelehrt wurden. Die Schüler wurden in der Regel zu
„Facharbeitern" ausgebildet, wobei der Begriff wie erwähnt sehr
weit ausgelegt wurde (um so das Ziel der SED einer möglichst
breiten „Arbeiterschicht" in der Bevölkerung zu erreichen). So
galten auch Büroberufe („Facharbeiter für Schreibtechnik") als
„Arbeiter".

Da auf die Tätigkeit in Betrieben, die Hand in Hand mit dem
Schulunterricht ging, viel Wert gelegt wurde, konnten die Schüler
so schon frühzeitig den Unterschied zwischen der blumigen
Theorie und der grauen Wirklichkeit erkennen. Denn die allermeisten Betriebe der DDR waren technisch veraltet und entsprachen in keiner Weise dem Zustand, der im Unterricht suggeriert
wurde. Der hohe Anteil des Faches „Staatsbürgerkunde", mit dem
die Jugendlichen zu „sozialistischen Persönlichkeiten" erzogen
werden sollten, ging zulasten der eigentlichen Ausbildung. Viele
Jugendliche wurden außerdem wegen der technisch veralteten
Ausrüstung der Betriebe oftmals zu Arbeiten eingesetzt, die eigentlich unterhalb ihres Ausbildungsniveaus waren.

Stellten diese Erfahrungen schon einen motivationshemmen-
den Faktor dar, so trug zur Frustration vieler Schüler noch viel
mehr die staatliche Verteilung der Ausbildungsplätze bei. Denn
hier ging es allein um die Erfordernisse des Staates: Er bestimmte
den jeweiligen Ausbildungsberuf nach dem, was gesamtwirt-

schaftlich oder regional benötigt wurde. Persönliche Wünsche standen nicht im Vordergrund, eine freie Wahl des Ausbildungs- und Arbeitsplatzes nach Berufswunsch gab es nicht. Nach Schätzungen konnten so in den Siebziger- und Achtzigerjahren bestenfalls 50 Prozent der Schüler einen Beruf erlernen, den sie sich tatsächlich wünschten. Dass dadurch ihr Engagement weder in der Ausbildung noch im späteren Beruf erhöht wurde, liegt auf der Hand. Lehrlinge unter 16 Jahren mussten 42 Stunden pro Woche arbeiten, die älteren 43,75 (was deutlich über dem westdeutschen Durchschnitt lag). Für die bis zu 14 Prozent der Jugendlichen, die ohne Abschluss die POS verließen, wurden spezielle, weniger qualifizierte Ausbildungsplätze geschaffen.

2.7 Jugend: Das Doppelleben der „Sozialistischen Persönlichkeit"

Die Jugend galt besonders in Diktaturen wie dem „Dritten Reich" und der DDR als besonders wichtig für die Zukunft. Sie musste umworben und geformt, möglichst rund um die Uhr betreut und kontrolliert werden. Spätestens seit den Achtzigerjahren verweigerten sich indes große Teile der DDR-Jugendlichen dem System. Nicht durch offene Revolte, sondern durch stillen Rückzug.

*

Wie überall, so stand auch und vor allem bei der Erziehung der jungen Menschen das Ziel der „sozialistischen Persönlichkeit" im Fokus der SED-Führung. Was sie darunter verstand, legte sie im 3. Jugendgesetz von 1974 fest: „Verantwortungsgefühl für sich und andere, Kollektivbewusstsein und Hilfsbereitschaft, Beharrlichkeit und Zielstrebigkeit, Ehrlichkeit und Bescheidenheit, Mut und Standfestigkeit, Ausdauer und Disziplin, Achtung vor den Älteren, verantwortungsbewusstes Verhalten zum anderen Geschlecht." Diese Verhaltensweisen und Eigenschaften sollten einerseits im Kindergarten und in der Schule anerzogen werden (siehe Kapitel *Bildungssystem)*, andererseits auch im außerschuli-

schen Bereich – in der Freizeit. Selbst hier lag der Schwerpunkt
auf der Erziehung, nicht auf dem Bedürfnis und dem Wunsch
der Kinder und Jugendlichen, sich zu entwickeln, auszuprobieren
oder schlicht zu spielen und Spaß zu haben. Getreu dem Motto:
„Wer die Jugend gewinnt, dem gehört die Zukunft" reglemen-
tierte, kollektivierte und ideologisierte die Partei auch die Freizeit
junger Menschen – anders als im Westen, wo Individualität und
Pluralismus im Vordergrund standen (und stehen).

Abgesehen von dem kleinen Bereich, in dem Jugendliche sich
in der Freizeit mit Freunden treffen oder mit der Familie zusammen sein konnten, hatten die Freie Deutsche Jugend (FDJ) als
„Kampfreserve der Partei" und für die Kleineren die Pionierorganisation Ernst Thälmann – benannt nach dem streng stalinistischen Vorsitzenden der KPD aus der Weimarer Republik – ein
Monopol auf die Freizeitgestaltung junger Menschen. Sie konnten durchaus mit attraktiven Angeboten wie Ferienlager aufwarten, die für jede Familie bezahlbar waren. Auch außerschulische
Wettbewerbe, zum Beispiel sogenannte „Olympiaden" in Mathematik oder Sport waren bei den Jugendlichen beliebt. Sie waren
zugleich – uneingestandenermaßen – eine Möglichkeit zur freieren Entfaltung von Lerninteressen beziehungsweise von Fähigkeiten, als dies in der Einheitsschule möglich war.

Zweifellos übte diese kollektiv geprägte Freizeitwelt einen gewissen Reiz auf einen Teil der Jugendlichen aus, wie noch heute
Umfragen zeigen, nach denen die Freizeit in der DDR im Vergleich zur Bundesrepublik Vorteile gehabt habe. Man musste sich
um nichts kümmern, nahm die Angebote einfach wahr. Es ist bezeichnend, dass noch heute diejenigen befragten Jugendlichen
und diejenigen ehemaligen DDR-Bürger die staatlich gelenkte
Freizeitgestaltung der pluralistischen, auf Eigeninitiative beru-
henden in der Bundesrepublik vorziehen, die auch ansonsten
stärker auf die Allmacht und Stärke des Staates setzen. Zugleich
aber litten viele Jugendliche unter dem Dirigismus, der Kontrolle
und der Einförmigkeit, während sich im Westen seit den Fünfzigerjahren die Jugend zunehmend in „Fraktionen" differenzierte,
was sich zum Beispiel im Musik- und Modegeschmack ausdrück-

te. Die FDJ musste immer stärker den Spagat üben, einerseits die Vorgaben der Partei umzusetzen, andererseits aber den Interessen der Jugendlichen entsprechen zu können. Letztere interessierten sich – je länger die DDR existierte, umso mehr – für westliche Lebensweisen und Moderichtungen, die sich in Popmusik und Kleidungsstil niederschlugen.

Die Versuche, westliche Beat-, Rock- und Popmusik erst zu unterdrücken und dann teils zu bekämpfen, teils zu tolerieren und dazwischen sogar für die Erziehung der „sozialistischen Persönlichkeit" zu instrumentalisieren, sind ein besonders groteskes Beispiel für die Unfähigkeit der SED, auf neue Entwicklungen zu reagieren. Weil hinter jeder Abweichung von der geforderten sozialistischen Norm ein Angriff des Klassenfeindes gesehen wurde, war die Parteiführung gedanklich völlig blockiert und nicht in der Lage, zwischen wirklichen Gefahren und ganz normalen Trends, wie es sie in jeder Industriegesellschaft gibt, zu unterscheiden. In diesem Fall machte die Partei sogar nicht einmal den ersten Schritt. Er ging vom Verband der Komponisten und Musikwissenschaftler der DDR aus, der 1951 über den afroamerikanischen Bebop urteilte: „Das ist eine Musik, die das Chaos ist, die nicht nur Kriegsvorbereitung, sondern der Krieg ist. Das ist ein Versuch, den Krieg in die Hirne der Menschen einzuschmuggeln." Nun galten auch im Westen in den Fünfzigerjahren Elvis Presley oder in den Sechzigern die Blumenkinder der alternativen Musikszene als Ausdruck von Kultur- und Sittenverfall, und als die uns heute harmlos erscheinenden Beatles 1963 „yeah, yeah, yeah" sangen, waren viele Eltern besorgt ob ihrer vor Ekstase kreischenden Kinder im Teenager-Alter. Doch auf den Begriff „Krieg" wäre wohl niemand ernsthaft gekommen.

Anders die SED-Führung: Sie versuchte, die neue Musik seit Ende der Fünfzigerjahre zu verbieten und dieses Ziel über eine Bürokratisierung zu erreichen. Wer öffentlich als Musiker auftreten wollte, musste dies zu seinem Beruf machen und eine Erlaubnis – im Volksmund „Musikerpappe" – beantragen. Doch die Jugend hörte die Signale aus dem Westen, und weil Rock'n'Roll, Twist und Beat so nicht aufzuhalten waren und die Parteiführung sich nach dem Bau der Mauer 1961 sicherer fühlte, kam es 1963 bis 1965 zu einer kurzzeitigen Liberalisierung. In dieser Zeit schossen zahlreiche von Jugendlichen gegründete Bands aus dem Boden. Nun wurden sogar die Songs der Beatles von der VEB „Deutsche Schallplatten" auf sozialistisches Vinyl gepresst. SED-Generalsekretär Walter Ulbricht machte dieser Entwicklung unter dem Einfluss des für Sicherheitsfragen im Zentralkomitee der Partei zuständigen Erich Honecker bald wieder ein Ende. Die spießig-konservative Linie hatte sich wieder durchgesetzt, die Jugend sollte als „Kampfreserve der Partei" nicht zu *Satisfaction* tanzen, sondern sich an Kampfliedern der deutschen und internationalen Arbeiterklasse oder „sowjetischen Massenliedern" erfreuen. Dafür wurde eigens die „Singebewegung" ins Leben gerufen, deren Erfolg allerdings sehr bescheiden war. Für Ulbricht war westliche Popmusik einfach nur „geistestötend und lächerlich". Ende der Sechzigerjahre musste sich die Partei jedoch geschlagen geben. Es kam zwar nicht zu einer offiziellen, aber doch faktischen Anerkennung der Popmusik. Um die Entwicklung wenigstens dem Augenschein nach unter Kontrolle zu behalten, sollte unter dem Motto „Aktion Rhythmus" eine „jugendgemäße Tanzmusik" entstehen und sogar für eine Verbreitung der „Ideen und Werte des Sozialismus" sorgen.

Gerade wegen des nicht zu unterbindenden Einflusses westlicher Medien funktionierte das nicht und konnte auch gar nicht funktionieren. „Es wurde gefördert, entwickelt, behindert, geregelt, zensiert, genehmigt, reglementiert, geleitet und eingeschätzt; dazwischen funkte es gelegentlich aus den Gefilden des Politbüros in Sachen Sicherheit, Jugendpolitik und Agitation oder Margot Honeckers Volksbildungsministerium ließ sich hören, um ebenfalls seine Zuständigkeit für die musikalischen Belange der Jugend zu reklamieren" (Peter Wicke). Die Jugendlichen scherten sich nicht um die Ziele der Partei. Sie wollten schlicht Musik machen und hören. In der Jugendszene bildete sich ein gutes Gespür für die Schwächen des völlig überdimensionierten staatlichen Überwachungs- und Lenkungssystems aus. Sie fand bis zum Ende der DDR immer mehr und neue Wege, Konzerträume zu nutzen oder in privaten Plattenstudios Musik aufzunehmen. In den letzten Jahren der DDR gab es nur noch wenige Versuche der Partei, diese Bewegung einzuschränken. Sie hatte im Kampf gegen die Popmusik kapituliert. Dass Stasi-Chef Erich Mielke Mitte der Achtzigerjahre in der Punk-Bewegung (die auch im Westen Konservative oder entsetzte Eltern als Zeichen des „Untergangs des Abendlandes" interpretierten) eine echte Gefahr für den Bestand des Sozialismus sah, ist nur noch eine Randnotiz. DDR-weit gab es vermutlich nicht mehr als 900 Punks. Das Problem der rechtsradikalen Skins wurde dagegen totgeschwiegen.

Genauso wenig war der Versuch, zwar einerseits Diskotheken zuzulassen, sie aber zugleich als Stätten politischer Indoktrination zu nutzen, von Erfolg gekrönt. Discjockeys, im offiziellen Parteijargon „Schallplattenunterhalter" genannt, mussten eine spezielle, kontrollierte Qualifizierung durchlaufen und eine Zulassungsprüfung bestehen. Das damit verbundene Ziel formulierte die FDJ-Zeitung „Junge Welt" 1975 so: „Wir müssen erreichen, dass alle Schallplattenunterhalter sich nicht nur als ‚Künstler', sondern auch als Politiker verstehen. Denn die Diskothek ist politisch, und wie wirksam sie damit ist, hängt stark von der Programmgestaltung ab. Das Argument, ‚die Leute wollen sowas nicht', zieht nicht."

Doch die Leute wollten so etwas tatsächlich nicht, und so sah die Wirklichkeit anders aus. „Schallplattenunterhalter" betätigten sich als „Politiker" nur so lange, wie offizielle Vertreter der Staatsmacht anwesend waren. Auch die Vorgabe, 60 Prozent der Musiktitel müssten aus DDR-Produktionen stammen, wurde im Alltag nicht eingehalten. Auch mit einer eigenen Modemarke wollte die Parteiführung den Jugendlichen einerseits ein Stück entgegenkommen, sie aber andererseits unter Kontrolle halten. Die beliebten Jeans waren ausdrücklich verpönt, im Alltag aber durch die Westkontakte vieler Familien nicht mehr zu verhindern.

Vorwiegend seit den Achtzigerjahren genehmigten die Behörden auch Jugendklubs, die Jugendliche häufig in eigener Regie aufbauten, weil es hierfür anders als für die offiziellen Einrichtungen kein oder kaum Geld gab. Das hatte zur Folge, dass diese Klubs oftmals außerhalb der Kontrolle der Partei waren, sodass sie ein gewisses Eigenleben entwickeln konnten. Viele Jugendliche, vor allem auf dem Land, gingen in den letzten Jahren der DDR allerdings nicht mehr in diese Klubs, denn sie spiegelten zunehmend Entwicklungen wider, die zu dieser Zeit zu einem immer größeren Problem wurden. Unter Jugendlichen verbreiteten sich Alkoholismus und Kriminalität gepaart mit einer stark anwachsenden Unzufriedenheit mit den Zuständen in der DDR. Punks und Skinheads waren eine Provokation des spießbürgerlichen sozialistischen Staates, Rechtsradikalismus und Schlägereien in Fußballstadien gehörten zum Alltag.

Viele Jugendliche lebten praktisch ein Doppelleben, was in den meisten Fällen wenig mit bewusster Opposition zum System zu tun hatte, sondern viel mehr mit einem „Abschalten" von der völlig in sinnentleerten Ritualen erstarrten ideologischen Erziehung (und der dazugehörigen Sprache). Sie entwickelten eine „nahezu perfekte Doppelzüngigkeit" (Barbara Hille): Sie wussten, was man von ihnen hören wollte, und gestalteten in der eng begrenzten, ihnen selbst verbleibenden Zeit, die ihnen die streng durchorganisierte „Freizeit" der FDJ noch ließ, so weit wie möglich ihr eigenes Leben, in dem sie auch ihre eigenen Meinungen artikulierten. Dass die lebensfremde Welt der Funktionäre in den Achtzigerjahren nur wenig Einfluss auf die Jugendlichen hatte, zeigt ausgerechnet ein erschreckendes Beispiel, das mit Zahlen belegt werden kann. Entgegen der offiziellen pädagogischen Zielsetzung der SED-Führung, nach der Jugendliche ihren Sexualdrang bis zum Abschluss ihrer Schul- oder Ausbildungszeit unter Kontrolle halten und nicht ausleben sollten, kam es zu einer Vielzahl ungewollter Schwangerschaften und Abtreibungen bei jungen Mädchen. Jedes fünfte Mädchen wurde in den Achtzigerjahren vor Vollendung des 18. Lebensjahres schwanger, zwei Drittel von ihnen waren sogar unter 16 Jahren. Nur 28 Prozent dieser Schwangerschaften wurden ausgetragen. Ein Grund war auch die völlig unzureichende Aufklärung der Jugendlichen über Sexualität, Zeugung, Schwangerschaft und Geburt.

Festzuhalten bleibt, dass die SED den altersbedingten Drang Jugendlicher nach Entfaltung, Individualisierung und Aufleh-

nung gegen die von ihr festgelegten Normen nie in den Griff bekam. Auch wenn die kollektivistische Erziehung zweifellos Spuren hinterlassen hat, die teilweise erst jetzt zum Vorschein kommen, und eine Reihe systemtreuer, parteiergebener Personen he-
rangebildet hat, so ist die SED bei ihrem Versuch, flächendeckend
die „sozialistische Persönlichkeit" zu schaffen, letztlich gescheitert – gerade bei den in der Endphase der DDR besonders kriti-
schen Jugendlichen. Denn im Herbst 1989 waren ungleich mehr
Schüler bei Demonstrationen auf der Straße als Lehrer.

2.8 „Sportwunder" DDR:
Gedopte Diplomaten im Trainingsanzug

*Noch heute gilt die kleine DDR vielen als „Sportwunder". Bei Olym-
pischen Spielen oder anderen großen internationalen Wettkämpfen
wie Welt- und Europameisterschaften räumte sie in den Siebziger-
und Achtzigerjahren regelmäßig ab und schob sich in den Medail-
lienspiegeln häufig selbst vor die große Sportnation USA. Der Preis
dafür war hoch – die DDR verspielte durch das staatlich organisierte
systematische Doping nicht nur ihr sportliches Renommee, sondern
setzte Leben und Gesundheit Tausender Sportler aufs Spiel.*

*

Die Nachricht wirkte wie ein Schlag ins Gesicht. „Ich habe 1985
feststellen müssen, dass ich keine Kinder bekomme. Der Gynäko-
loge teilte mir mit, dass ich, obwohl ich 24 Jahre alt war, die Un-
terleibsorgane einer 11-Jährigen hatte", erinnerte sich mehr als
20 Jahre später die ehemalige Kugelstoßerin Birgit Böse. Sie wurde ein Opfer des unmenschlichen staatlichen Dopingsystems der
DDR, denn ihre Unfruchtbarkeit war die Folge der jahrelangen
Einnahme von Dopingmitteln zur Steigerung der sportlichen
Leistung. Und Böse ist kein Einzelfall: Rund 10.000 Sportlerin-
nen und Sportler wurden in der DDR mit Dopingmitteln zu höheren Leistungen gebracht – entgegen den internationalen Regeln und vor allem ohne Rücksicht auf die Gesundheit der Men-

schen. „Höher, schneller, weiter" – die SED-Führung forderte
und förderte sportliche Spitzenleistungen zur Mehrung des An-
sehens des eigenen Staates. Mittel und Folgen waren ihr dabei
egal, Skrupellosigkeit war ihr Programm.

Doping gab und gibt es natürlich auch in anderen Ländern,
die zahlreichen Fälle bei der „Tour de France" aus den letzten
Jahren sind nur ein gravierendes Beispiel dafür. Doch in diesen
Fällen waren die Sportler selbst daran beteiligt; Blutdoping beispielsweise ist ohne Mitwissen gar nicht möglich. Der Sportler
entscheidet somit selbst, ob er das Risiko, erwischt zu werden
oder gesundheitliche Schäden davonzutragen, eingehen will. Anders in der DDR: Hier wurden den allermeisten Sportlern die
Mittel ohne ihr Wissen verabreicht. Und der Staat verfolgte Do-
pingsünder nicht, sondern er animierte sie zur Einnahme, zwang
nicht selten Trainer und Ärzte mitzumachen und organisierte
das Dopingsystem zentral. „Die DDR ist heute der einzige, zumindest bekanntgewordene Staat, der des sportlichen Erfolges
wegen als Staat, ausdrücklich als Staat, systematisch gegen sportliche, ärztliche und wissenschaftsethische Gesetze verstoßen hat",
befand der Krebsexperte Werner Franke, der sich mit dem Dopingsystem intensiv beschäftigt hat. Mitte der Neunzigerjahre
wurden vor allem Frauen die Mittel verabreicht, weil hier die
„Rendite" bei internationalen Wettkämpfen höher war.

Das Ergebnis ist erschreckend. Neben den Hunderten von Medaillen, die DDR-Sportler bei Olympischen Spielen und anderen
wichtigen internationalen Wettkämpfen auf diese Weise erran-
gen, hat das staatliche Doping vor allem Leid und Elend über die
Betroffenen gebracht. Der Sportexperte Giselher Spitzer schätzt,
dass es im DDR-Hochleistungssport jährlich zu rund 30 Todes-
fällen kam, von denen ein Teil auf den Einsatz von Dopingmitteln zurückzuführen sei. Viele andere, die mit dem Leben davon-
kamen, leiden Jahrzehnte später noch an den gesundheitlichen
Schäden. Diese wurden vor allem bei Frauen, denen männliche
Hormone verabreicht worden waren, sichtbar. Nach Angaben
der einstigen Hochleistungssportlerin Birgit Böse, die eine Um-
frage unter Leidensgenossen machte, litten 92 Prozent an Skelett-

erkrankungen, 25 Prozent hatten oder haben Krebs. Die Hälfte der Frauen leidet noch heute unter gynäkologischen Erkrankungen. 6 Prozent mussten Tot- und 21 Prozent Fehlgeburten verkraften. 35 Geschädigte haben insgesamt 96 Operationen hinter sich, fast alle leben mit ständigen Schmerzen. Jedes zehnte Kind, das die betroffenen Frauen zur Welt brachten, ist verkrüppelt, mehr als jedes siebte geistig behindert. Gewöhnlich sehen diese Frauen auch nicht wie normale Geschlechtsgenossinnen aus. Sie haben große, breite Schultern, männliche Gesichtszüge, tiefe Stimmen – Folgen der männlichen Hormone, die ihnen oft jahrelang verabreicht wurden. Zum Beispiel Heidi Krieger, Europameisterin im Kugelstoßen 1986: Heidi heißt heute Andreas – die Verabreichung der männlichen Hormone führte bei der jungen Frau zu transsexuellen Neigungen und zu einer so großen Veränderung des Bewusstseins, dass sie sich schließlich einer Geschlechtsumwandlung unterzog.

In zahllosen Fällen wurde mit dem Doping bereits bei Kindern – auch hier vor allem Mädchen – im Alter von 11 bis 14 Jahren begonnen. Während ihnen und ihren Eltern gesagt wurde, bei den Mitteln handele es sich um harmlose Vitamine, waren Trainer und Ärzte in das Dopingsystem einbezogen. Es kam durchaus zu Protesten aus ethischen Gründen – doch wer nicht mitmachte, der flog raus und durfte nicht mehr an internationalen Wettkämpfen teilnehmen. Andererseits machten viele Trainer und Ärzte auch gewollt mit. Ärzte nutzten Jugendliche sogar als Versuchskaninchen, um zu testen, welche Mittel sich wie auswirkten. Sie konnten mit solchen Forschungsarbeiten habilitieren. Daher sei diese „staatlich organisierte pharmakologische Manipulation junger Menschen im nationalen Interesse" mehr noch „ein Problem der Manipulierbarkeit und Instrumentalisierung von Ärzten und Wissenschaftlern", so Werner Franke. Dopingmittel wie Steroide wurden beschönigend als „Unterstützende Mittel" bezeichnet. Gesundheitliche Schäden wurden von allen am Doping Beteiligten bewusst in Kauf genommen. Gleichwohl galt in der verqueren Ideologie des SED-Regimes selbst die skrupellose Schädigung junger Menschen als Ausdruck einer Art Humanismus, da

die sportlichen Erfolge schließlich zur Befriedigung von Sportlern, Trainern oder Wissenschaftlern beitrugen.

Fast jedes DDR-Ministerium war am Dopingsystem beteiligt,
die grundsätzlichen Entscheidungen traf das Politbüro. Die Interessen der Bevölkerung waren unwichtig, wenn es um die Heran-
züchtung weiterer Medaillenmaschinen ging. Als es einmal im
Politbüro beispielsweise um die Frage ging, ob mit den knapper
werdenden Geldmitteln ein Tomografiegerät zur Krebsfrüher-
kennung oder ein Gerät für Dopingtests bei Leistungssportlern
angeschafft werden sollte, entschied man sich für das Zweite.
Diese Tests waren immens wichtig. Zu einem bestimmten Zeitpunkt vor den Wettkämpfen wurde die Einnahme von Dopingmitteln gestoppt, damit sie während des Wettkampfes bei Tests
nicht mehr nachweisbar waren. So wurden die Sportler schon vor
der Ausreise aus der DDR getestet – wenn der Test positiv ausfiel,
durften sie am Sportkampf nicht teilnehmen, um nicht aufzuflie-
gen. Sie wurden dann als krank oder verletzt gemeldet.

Die SED-Führung erhoffte sich durch die sportlichen Erfolge
des damals sogenannten „Sportwunders der DDR" einerseits eine größere politische Anerkennung des zweiten deutschen Staates, andererseits eine Zunahme der Identifikation der eigenen Bevölkerung mit den Sportlern und damit mit dem eigenen Land.
Tatsächlich war es der Sportsektor, auf dem die DDR zuerst
gleichberechtigt mit der Bundesrepublik behandelt wurde; spätestens, seit sie bei den Olympischen Spielen 1972 in Sapporo
und München erstmals komplett mit eigenen Mannschaften an-
trat. Auch dürfte es – zumindest bei systemnahen Bürgern –
durchaus einen gewissen Stolz in der Bevölkerung über die Erfolge gegeben haben (es war ja auch unbekannt, welch große Rolle
der Einsatz der Dopingmittel gespielt hatte). Letztendlich aber ist
die Führung vor allem beim zweiten Punkt, der Identifikation
mit dem eigenen Land, doch gescheitert. Das liegt vor allem auch
an der Vernachlässigung der Sportart, die wie keine andere für eine Identifikation sorgen kann: der Fußball. Gefördert wurden
nämlich bewusst nur die Sportarten, mit denen möglichst viele
Medaillen geholt werden konnten, also vor allem Leichtathletik,

Schwimmen, Rudern, Biathlon und andere. Beim Fußball aber würden 22 Athleten um eine einzige Medaille kämpfen, wie einer der Sport-Hauptverantwortlichen, Manfred Ewald, einmal verächtlich gesagt haben soll. Fußball blieb daher zu allen Zeiten das Sorgenkind des DDR-Sports, die Fans fieberten lieber mit den traditionsreichen westdeutschen Klubs am Fernseher mit.

Noch einen dritten Aspekt verfolgte die SED-Führung mit der Förderung des Leistungssports. Anhand der sportlichen Erfolge sollte die vermeintliche Überlegenheit der sozialistischen Gesellschaft gegenüber der kapitalistischen, vor allem der westdeutschen, veranschaulicht werden. Internationale Wettkämpfe galten daher auch in erster Linie als politische Veranstaltungen und wurden als „sportpolitische Höhepunkte" bezeichnet; Sportler traten als „Diplomaten im Trainingsanzug" auf. Es sagt viel aus, dass die Führung glaubte, diese angebliche Überlegenheit nur mit Betrug, Manipulation und ohne Rücksicht auf die Menschen zu erreichen. Die allermeisten der Verantwortlichen kamen nach dem Ende der DDR völlig ungeschoren davon.

Dabei wäre die DDR auch ohne das staatliche Dopingsystem zu einer führenden Macht im Sport aufgestiegen. Denn die Talentsuche und -förderung war ausgefeilt und setzte schon bei den ganz Kleinen an. Sie galt in der Bundesrepublik als vorbildhaft, wobei übersehen wurde, dass auch hier auf die Belange der Kinder und Jugendlichen keine Rücksicht genommen wurde.

Eine ungemein wichtige Rolle spielte im Leistungssport das Ministerium für Staatssicherheit. Jährlich bespitzelten etwa 3000 Trainer, Funktionäre, Mediziner und Sportler ihre Kollegen und Kameraden. Die meisten machten mit, um den Verlauf ihrer Karriere nicht zu beeinträchtigen. Immer stand die Furcht im Raum, erfolgreiche Sportler könnten sich in den Westen absetzen und dort über das strikt geheim gehaltene Dopingsystem berichten. So wurden bereits bei talentierten Kindern die Eltern und das Umfeld nach systemkritischen Einflüssen abgeklopft. Wenn zum Beispiel die Eltern als Oppositionelle galten, war es mit der sportlichen Karriere vorbei, ehe sie überhaupt begonnen hatte. Auch Sportler, die sich als ideologisch nicht gefestigt erwiesen, mussten mit dem

Ende ihrer Laufbahn rechnen. Das Gleiche galt für Trainer und Ärzte. Wer sich in den Westen absetzte, musste damit rechnen, von der Stasi verfolgt zu werden. Es gab Sportler, die sich nach ihrer Flucht nur mit Personenschutz in die Öffentlichkeit trauten. Bekannt ist auch der Fall des Fußballspielers Lutz Eigendorf, der nach seiner Flucht 1983 unter mysteriösen Umständen bei einem Autounfall ums Leben kam. Zur Aufgabe der Stasi gehörte es auch, sportmedizinische Einrichtungen im Westen auszuspionieren.

2.9 Rentner: Zu wenig zum Leben, zu viel zum Sterben

Zu den Klagen über die heutigen Zustände im wiedervereinigten Deutschland gehören auch immer wieder solche über die angeblich sehr schlechte Lage der Rentner in den neuen Ländern – und nicht nur dort. Sie werden im Kampf um die Deutungshoheit über die DDR von interessierter Seite geschürt, um in der alltäglichen politischen Auseinandersetzung Vorteile zu erlangen. Meist wird dabei durch Beklagen der derzeitigen Situation und Weglassen der damaligen Realitäten zumindest indirekt unterstellt, in der DDR sei die Situation der Rentner besser gewesen als heute. Zum Teil wird dies sogar von DDR-Apologeten direkt behauptet. Auch im privaten Umfeld ist diese Deutung nicht selten zu vernehmen, und zwar sowohl in den neuen als auch in den alten Ländern. Da viele Menschen die Fakten nicht kennen, gehen sie einfach davon aus, dass es so gewesen sein muss. Erzählt man sich denn nicht, dass die DDR irgendwie sozialer war als die Bundesrepublik? Dann muss es den Rentnern doch natürlich auch besser gegangen sein! Gerade jungen Menschen erscheint diese Argumentation immer häufiger logisch. Die Wahrheit bleibt dabei immer mehr auf der Strecke, zumal die Betroffenen, also die Rentner der damaligen DDR, die als Zeitzeugen über die tatsächliche, oftmals bittere Lage berichten könnten, immer weniger werden.

*

Viele längst erwachsene Westdeutsche mögen sich noch an die Zeiten bis 1989 erinnern, wenn sich die Großeltern oder andere

Verwandte im reiferen Alter aus der DDR zu Besuch angesagt hatten. Kinder und Jugendliche haben einen durchaus spezifischen Blickwinkel auf Gäste. Anders als die Oma-West, die die erhofften Geschenke mitbrachte oder auch mal einen Geldschein überreichte, hatte die Oma-Ost keine netten Mitbringsel in der Tasche. Ganz im Gegenteil: Man ging während der Besuchstage gemeinsam mit den Eltern in die Fußgängerzone und kaufte dem Besuch aus diesem komischen fernen Land namens DDR mal was „Ordentliches" – zum Anziehen zum Beispiel. Normalerweise lautete die Begründung der Eltern, dass es „drüben" ja nichts gab. Es gab aber auch noch einen anderen Grund, der vielen Westdeutschen gar nicht bewusst gewesen sein mag, warum ostdeutsche Rentner sich so wenig leisten konnten: Sie lebten mindestens hart an der Armutsgrenze. Nach der damals in der Bundesrepublik geltenden Definition von Armut blieben ihre Einkünfte bis auf wenige privilegierte Ausnahmen in ihrer Gesamtheit darunter, und selbst nach den Maßstäben der DDR war das immer noch bei 45 Prozent der Fall.

Wie konnte das sein? Ausgerechnet im real existierenden Sozialismus, der doch soziale Sicherheit groß schrieb und sich so gerne seiner vermeintlichen „sozialistischen Errungenschaften" rühmte! Die galten freilich nur für die arbeitende Bevölkerung, nicht für die, die unproduktiv geworden waren und nur Geld kosteten – also den Rentnern. Ganz gleich, ob jemand 50 Jahre seines Lebens geschuftet und am Aufbau des Sozialismus tatkräftig mitgewirkt hatte: Wenn er nicht mehr arbeitete, galt er als Belastung. So wurden die zuletzt 2,8 Millionen Rentner systematisch kurzgehalten. Keiner sozialen Gruppe in der DDR ging es so schlecht wie ihnen. „Die SED-Führung brauchte gesunde und leistungsfähige Arbeiter, Spezialisten und Soldaten sowie Mütter, die neue Arbeiter, Spezialisten und Soldaten gebären konnten. Rentner stellten in ihrem Konzept „Abfallprodukte der Leistungsgesellschaft [dar], die sich zudem kaum wehren konnten" (Stefan Wolle).

Diese strikt ökonomisch orientierte Sozialpolitik schlug sich in deren finanzieller Situation deutlich nieder. Die durchschnitt-

liche Höhe der Rente betrug 1989 – vor der Rentenerhöhung, die
am 1. Dezember, also nach dem Fall der Mauer, in Kraft trat –
380,94 Mark. Das war nur rund ein Drittel des durchschnittlichen Bruttoeinkommens der Arbeiter und Angestellten. Die
staatlich festgesetzte Mindestrente betrug 300 Mark. Damit war
ein einigermaßen auskömmliches Leben selbst in der DDR, in
der vieles wie Wohnungen oder Energie stark subventioniert
wurde, kaum mehr möglich. Selbst für lebensnotwendige Dinge
wie Schuhe oder Bekleidung reichte das Geld kaum. Die Rentner
hatten die Möglichkeit, dieses karge Einkommen aufzubessern,
zum Beispiel durch die 1971 eingeführte Freiwillige Zusatzrente.
Ihre Situation verbesserte das allerdings nur unwesentlich. Frau-
en waren deutlich schlechter gestellt als Männer; von den 11,6
Prozent der Rentner, die lediglich die Mindestrente bezogen,
stellten sie die überwältigende Mehrheit. Gezahlt wurde übrigens
eine Einheitsrente, bei der nicht das frühere Gehalt ausschlagge-
bend war, sondern die Anzahl der geleisteten Berufsjahre. So ging
es den Rentnern getreu der sozialistischen Ideologie weitgehend
gleich – nämlich gleich schlecht. Ihre Situation verschlechterte
sich im Laufe der Jahrzehnte immer weiter, denn anders als in der
Bundesrepublik gab es in der DDR keine Dynamisierung der
Renten, das heißt, sie wurden nicht der Lohnentwicklung angepasst. So stiegen zwar die Löhne, aber nicht die Renten.

Auch einige Rentner waren allerdings gleicher als die anderen.
Der SED-Staat bedankte sich bei den Angestellten der „bewaffneten Organe" für ihre Dienste mit zum Teil saftigen Rentenzuschlä-
gen. So erhielten ehemalige Soldaten der Nationalen Volksarmee
und hauptamtliche Angestellte des Ministeriums für Staatssicherheit durchschnittlich 1000 Mark zusätzlich. Noch mehr bekamen
anerkannte Verfolgte des Nazi-Regimes, und auch für frühere Mitarbeiter einiger anderer Bereiche wie des Gesundheitswesens gab
es einen – allerdings deutlich niedrigeren – Aufschlag.

Nichts verdeutlicht die zynische Politik der SED gegenüber
den Rentnern besser, als die Tatsache, dass ihnen eine begrenzte
Reisefreiheit zugestanden wurde und sie die Möglichkeit hatten,
in den Westen auszureisen, während arbeitsfähige Ausreisewillige

Vergleich Durchschnittsaltersrente / Durchschnittslohn der Arbeiter und Angestellten in der DDR (in Mark)

Jahr	Durchschnitts-bruttoeinkommen*	Durchschnitts-altersrente	Differenz
1950	311	90,70**	220,30
1960	558	152,66	405,34
1970	762	199,17	562,83
1980	1030	342,51	687,49
1988	1280	380,94	899,06

*   *Durchschnittliches monatliches Bruttoarbeitseinkommen der vollbeschäftigten Arbeiter und Angestellten der Wirtschaft (ohne sonstige produzierende Zweige und nichtproduzierende Bereiche). Vom Bruttoarbeitseinkommen werden je nach Steuerklasse 5 bis 20 Prozent als Lohnsteuer abgeführt.*

** *1952*

schikaniert und massenhaft ins Gefängnis gesteckt wurden. Der Grund für diese „Großzügigkeit" war kein humanitärer, sondern ebenfalls ein ökonomischer: Rentner, die in die Bundesrepublik ausreisten, fielen dem „Arbeiter- und Bauernstaat" nicht mehr zur Last. Ihre Rentenbezüge übernahm fortan die Bundesrepublik, ohne dass sie jemals in das dortige Rentensystem eingezahlt hatten.

3. Wirtschaft: Der Primat der Politik (oder der alten Männer)

3.1 Vom Plan zum Mangel

Angesichts der weltweiten wirtschaftlichen Schwierigkeiten im Krisenjahr 2009, angesichts aber auch der Tatsache, dass eine kapitalistische Wirtschaft natürlich soziale Ungleichheit produziert, die durch soziale Leistungen des Staates nur zu einem Teil aufgefangen werden, mag es auf den ersten Blick nicht verwunderlich sein, dass das System der Planwirtschaft heute manchem wieder attraktiv erscheint. Doch 40 Jahre real existierender Sozialismus in der DDR haben eindrucksvoll bewiesen, dass eine staatlich gelenkte Wirtschaft in keiner Weise in der Lage ist, die Bedürfnisse der Menschen zu befriedigen. Nirgends hat die DDR so versagt wie im ökonomischen Vergleich mit der Bundesrepublik.

*

Alexander Schalck-Golodkowski, Devisenspezialist der SED-Führung, hatte die Sprengwirkung seiner Vorlage an Günther Mittag offenbar unterschätzt. Ende Juni 1977 schickte er dem ZK-Sekretär für Wirtschaftsfragen Vorschläge, wie die stark angestiegenen Ausgaben kostbarer Devisen für den Import von Kaffee eingeschränkt werden konnten. Auf dem Weltmarkt waren die Preise für den Rohstoff nach einer Missernte in Brasilien drastisch angestiegen. „Alle bisher in der DDR produzierten und angebotenen Sorten Röstkaffee werden ab dem 1.7.1977 nicht mehr produziert", schlug Schalck-Golodkowski vor. Das Angebot solle zukünftig nur noch aus der (qualitativ minderen) Sorte „Rondo" sowie aus einem Mischkaffee, zusammengesetzt aus 50 Prozent Kaffee und 50 Prozent Ersatzstoffen, bestehen. Da zugleich die Preise verdoppelt werden sollten, rechnete Schalck mit einem Rückgang des Absatzes um bis zu 30 Prozent, der nach seiner Einschätzung durch Geschenkpakete von Verwandten aus der Bundesrepublik aufgefangen werden würde. Gleichzeitig wollte er den Konsum von Kaffee in Betrieben, Institutionen, Verwaltungen völlig verbieten, in Gaststätten sollten nur noch 20 Prozent der bisherigen Menge angeboten werden. Kurz darauf wurde die neue Mixtur aus 51 Prozent Röstkaffee, je 5 Prozent Zichorie, getrockneten Zuckerrübenschnitzeln und Spelzanteilen sowie 34 Prozent Roggen-Gersten-Gemisch angeboten. Der Volksmund hatte mit Bezug auf Staatschef Erich Honecker und eine bekannte westdeutsche Kaffeesorte schnell den Spitznamen „Erichs Krönung" parat. Das Gebräu war indes nicht nur für Menschen ungenießbar, sondern auch für Kaffeemaschinen in Betrieben oder Gaststätten, die reihenweise kaputtgingen. Es kam erstmals seit langen Jahren in der DDR wieder zu öffentlichen Unmutsäußerungen in der Bevölkerung. Kaffee war gerade auch angesichts des Mangels an anderen Genussmitteln ein wichtiges Gut. Zudem verstanden viele DDR-Bürger den Schritt der SED-Führung als Angriff auf eine lange – und zutiefst bürgerliche – Tradition: den Kaffeeklatsch oder das Kaffeekränzchen. So blieb der Führungsriege um Erich Honecker nichts anderes übrig, als ihre Maßnahme zurückzunehmen. Die ganze Sache ging unter der Bezeichnung „Kaffeekrise" in die Geschichte des real existierenden Sozialismus im Arbeiter- und Bauernstaat ein. Honecker, Schalck-Golodkowski, Mittag und Co. wären übrigens sicher nicht in den Genuss von „Erichs Krönung" gekommen – sie waren immer mit Westkaffee versorgt.

Die „Kaffeekrise" kann als Symbol für das Versagen der sozialistischen und zentralistischen Planwirtschaft in der DDR, deren Schlussbilanz ein „ausgesprochenes Fiasko" (Gernot Gutmann) ausweist, gesehen werden. Als der zweite deutsche Staat unterging, war er wirtschaftlich gesehen etwa auf dem Niveau eines Schwellenlandes. Das Bruttoinlandsprodukt war 1989 ein Drittel so hoch wie das der Bundesrepublik, die Produktivität pro Stunde betrug 20 bis 25 Prozent der westdeutschen, die Auslandsverschuldung hatte dramatische Ausmaße angenommen, der Lebensstandard lag im Alltag eines jeden deutlich spürbar unter dem des westdeutschen Staates. Dabei war die SED nach Kriegsende – zuerst mit Unterstützung der sowjetischen Besatzungsmacht, dann unter tatkräftiger finanzieller Unterstützung Moskaus – mit einem großen Anspruch gestartet, den sie bis zum Schluss offiziell beibehielt. Die Planwirtschaft sollte, so Walter Ulbricht, die Arbeiter vor Krisen und damit verbundener Arbeitslosigkeit bewahren. Dieser Wunsch nach sicheren Arbeitsplätzen war angesichts der Weltwirtschaftskrise vom Anfang der Dreißigerjahre und ihren politischen, sozialen und gesellschaftlichen Folgen weitverbreitet, auch im Westen. Dort setzte sich allerdings alsbald die Soziale Marktwirtschaft durch, die zum westdeutschen „Wirtschaftswunder" führte. Davon konnte in der SBZ/DDR keine Rede sein. Die Kehrseite der Planwirtschaft war dort zudem, dass die SED sich von Anfang an anmaßte, das (Konsum-)Verhalten der Menschen umfassend zu steuern und zu kontrollieren.

Die Ausgangslage in den Westzonen und in der Ostzone, der Anteil an der industriellen Vorkriegsproduktion und der Grad der Zerstörung waren zunächst in der unmittelbaren Nachkriegszeit ähnlich. Unter den chaotischen Bedingungen des am Boden liegenden Deutschlands eignete sich eine staatlich gelenkte Wirtschaft zunächst sogar zur Versorgung der Bevölkerung besser als eine sich frei entfaltende. Schlechter gestellt war die Wirtschaft in der Sowjetisch Besetzten Zone allerdings durch den deutlich höheren Grad der Demontagen, die die Besatzungsmacht durchführte. Schon bald wurde die Lage der Industrie auch insofern schwieriger, als sie aus politischen Gründen von ihren früheren Partnern und Lieferanten im Westen abgeschnitten war. Doch diese Probleme sind nicht der Grund für das zunehmende Zurückbleiben der DDR-Wirtschaft im Vergleich zur Bundesrepublik. Der Grund lag eindeutig im planwirtschaftlichen System, das seine Schwächen im Laufe der Zeit immer mehr offenbarte, bis es zusammenbrach.

Dieses System ruhte auf zwei Säulen. Einerseits planten staatliche Institutionen die Wirtschaft von oben bis unten durch, andererseits herrschte ein Primat der Politik, das heißt, die SED-Führung bestimmte aus politisch-ideologischen Gründen über die

Ausrichtung wirtschaftlichen Handelns. Die praktische Arbeit lag bei der „Staatlichen Planungskommission" (SPK). Sie erstellte in einem äußerst komplizierten Verfahren die Pläne, in denen Produktionsziele und Investitionen festgelegt wurden. Die Pläne hatten unterschiedliche Fristen wie ein oder fünf Jahre. Dabei musste die SPK auch die unterschiedlichen Wirtschaftsbereiche verflechten. Die unmittelbare operative Leitung oblag den verschiedenen Ministerien, von denen für bestimmte Wirtschaftsbereiche oder -branchen je eines gebildet wurde. Die mittlere Ebene bestand aus den Kombinaten, die Betriebe eines Wirtschaftszweiges zusammenfassten. Die Entscheidungen der SPK mussten formal durch die Volkskammer gebilligt werden. Das sollte den demokratischen Charakter unterstreichen, in Wahrheit nickten die Abgeordneten aber die Entscheidungen nur ab. Die letzte Entscheidung auf Seiten des Staates hatte der Ministerrat. Die wichtigsten seiner Mitglieder hatten auch einen Sitz im Politbüro – und dieses Führungsgremium der SED war der tatsächliche Entscheidungsträger. Es beschloss zentral über die grundlegenden wirtschaftlichen Fragen wie die Gründung oder Schließung von Betrieben, die Gewichtung zwischen Ausgaben für Konsum und Investitionen oder die Einführung technischer Neuerungen. Das geschah oftmals unter politischen Gesichtspunkten, was sich für die wirtschaftliche Entwicklung immer wieder als Hemmschuh herausstellte. Denn einerseits standen die einen häufig im Kontrast zu den anderen, andererseits waren Männer wie Erich Honecker in keiner Weise Wirtschaftsexperten. Diese Struktur setzte sich nach unten hin auf den Ebenen von Bezirks- und Kreisleitungen der Partei fort. „Wirtschaftliche Rationalität war … den politischen Vorgaben und deren Räson untergeordnet" (André Steiner).

Die SPK war bei der Erstellung der Pläne auf die Angaben der Kombinate oder Betriebe angewiesen. Diese verfolgten allerdings ihre eigenen Ziele. Sie gaben ihre Kapazitäten an Personal und Material bewusst zu niedrig an. Damit erreichten sie, dass die Pläne nicht zu hochgesteckt wurden – und sie sie nicht nur erfüllen, sondern übererfüllen konnten (was unter anderem auch zu höheren Zusatzzahlungen für die Werktätigen führte). Dagegen horteten sie Material, um bei den häufig auftretenden Engpässen die Produktion fortführen zu können. Ebenso sorgten sie oft für einen Personalüberschuss, damit die Produktion möglichst nie aufgrund von Personalmangel ins Stocken geriet. Diese sogenannten weichen Pläne konnten die staatlichen Behörden und die Parteiinstanzen im Normalfall nicht durchschauen. So bildete sich paradoxerweise ein Nebeneinander von Mangel und Überfluss heraus.

Mithilfe des gehorteten Materials entstand zudem ein „grauer Markt": Betriebe tauschten am vorgegebenen Plan vorbei untereinander Güter, um Lieferlücken zu schließen. Die Geldwirtschaft wurde so teilweise durch eine Tauschwirtschaft ersetzt. In finanzieller Hinsicht war diese Strategie für die einzelnen Betriebe kein Problem. Sie mussten ja nicht wirtschaftlich agieren, da der Staat sie auch bei einer Negativ-Bilanz unterstützte. Das überforderte ihn zwar mit zunehmender Dauer immer mehr, aber so konnte die Fiktion aufrechterhalten werden, dass es in der DDR keine Arbeitslosen gab. In Wahrheit war die Folge – neben den überbordenden Kosten –, dass viele Werktätige am Arbeitsplatz arbeitslos waren.

Insgesamt fehlten der SPK also zahlreiche wichtige Informationen, zudem war sie den politischen Erwägungen der SED-Spitze unterworfen. Außerdem hatte das System der Planwirtschaft noch einen weiteren grundlegenden Fehler. Da der Staat die Preise festlegte und teilweise über Jahrzehnte nicht veränderte, fehlte ein wichtiges Instrument zur Anzeige von wachsendem Konsumbedarf bei bestimmten Gütern. Andere Produkte, die dagegen in den Geschäften – meist wegen des Mangels an Qualität – liegen blieben, weil sie niemand haben wollte, wurden weiterhin produziert. Um den zunehmenden finanziellen Schwierigkeiten entgegenzuwirken, wurden übrigens durchaus die Preise erhöht. Das geschah mit einem Trick: So wurden bestimmte Produkte zu höheren Preisen (aber keineswegs immer mit höherer Qualität) neu in den Handel eingeführt und kurz darauf die bis dahin billigere Variante aus dem Angebot genommen. So waren die Konsumenten genötigt, mehr Geld auszugeben, was einer faktischen Preiserhöhung gleichkam.

Die hohe Subventionierung für zahlreiche Güter des alltäglichen Lebens überforderte den Staat maßlos. 1989 machten die Zahlungen dafür fast ein Viertel des gesamten Nettogeldeinkommens aus. Die Subventionspolitik führte zudem zu einer katastrophalen Verschwendung zum Beispiel von Heizmaterial, was wiederum fatale Folgen für die Umwelt hatte.

Alles in allem kann man festhalten, dass die Planwirtschaft bei Weitem nicht so starr und festgefügt war, wie es die SED-Führung anstrebte. In den Sechzigerjahren hatte sie selbst einmal versucht, mehr marktwirtschaftliche Elemente einzuführen, ohne das planwirtschaftliche System grundsätzlich infrage zu stellen. Dieser – erfolglose – Versuch war allerdings nach einigen Jahren wieder eingestellt worden. Doch auch danach entsprach der Anspruch nicht der Wirklichkeit. „Es gab einen Plan, trotzdem regierte die Improvisation" (Stefan Wolle). Ohne diese Improvisation, die den Grundsätzen des Systems widersprach, ohne Menschen, die das mangelhafte System mit ihrem Erfindungsreichtum überlistet hätten, hätte die Planwirtschaft schon vor 1989 im Fiasko geendet.

Gleichwohl waren ein weiteres Problem die fehlenden Leistungsanreize für die Menschen. Schon bald hatte die SED einsehen müssen, dass ihr Ideal vom „neuen Menschen", der seine ganze Kraft freudig der Gesellschaft zur Verfügung stellt und seine eigenen Bedürfnisse hintanstellt, nicht funktionierte. Das Deklarieren der Produktionseinrichtungen zum volkseigenen Besitz wirkte zu abstrakt, die Methoden zur Durchsetzung dieses Prinzips waren oft zu brutal. Im Westen machte ein leistungsbereiter Mittelstand, der sich im wohlverstandenen Eigeninteresse an den Erfordernissen des Marktes orientierte und damit die Bedürfnisse der Konsumenten befriedigte, die Soziale Marktwirtschaft zu einem absoluten Erfolgsmodell. Doch beides – Mittelstand und Markt – waren in der DDR beseitigt worden, die Planwirtschaft plante nur allzu oft am Menschen vorbei. Die Folge war, dass die Menschen ihre Konsuminteressen nicht befriedigen konnten, weil es die gewünschten Waren schlicht nicht gab. Es entstand ein großer Kaufkraftüberhang – die Menschen sparten ihr Geld zwangsweise, weil sie es nicht ausgeben konnten. Daneben taten die weitgehend gleiche Bezahlung und die Beförderungspraxis, die sich häufig mehr an Parteitreue als an beruflicher Qualifikation ausrichtete, ihr Übriges. Somit fehlten wichtige Leistungsanreize, die Arbeitsmotivation sank. Weil niemand im Wohlfahrtsstaatssozialismus die Angst haben musste, offiziell arbeitslos zu werden, konnte er seine Leistungen, wenn er denn wollte, oftmals auf ein Minimum reduzieren (auch wenn sogenannte „Bummelanten" wie erwähnt durchaus Gefahr liefen, vor Gericht gestellt und in ein Arbeitslager gesteckt zu werden). Im Westen sprach man verächtlich von „sozialistischer Arbeitsmoral". Indes waren die Menschen in der DDR natürlich keineswegs fauler oder unfähiger als die in der Bundesrepublik. Das Verhalten derjenigen, die sich vielleicht gerne engagiert und eingebracht hätten, sich aber aufgrund der fehlenden Anreize am Arbeitsplatz zurückhielten, war menschlich gesehen völlig nachvollziehbar. Diejenigen, die sich trotz allem ins Zeug legten, verdienen umso mehr Bewunderung.

Von Beginn an stand die SED-Führung unter dem Druck des Systemwettbewerbs mit der Bundesrepublik. Schon nach kurzer Zeit fiel aber die DDR-Wirtschaft und damit auch der Lebensstandard im Vergleich zurück. Trotz verschiedener Anläufe (zum Beispiel unter der Parole: „Überholen ohne einzuholen") gelang es nicht, mit dem Westen wieder gleichzuziehen. Im Gegenteil: Je länger beide deutsche Staaten nebeneinander existierten, umso größer wurde die Distanz. Da dies nicht nur die Daseinsberechtigung der Planwirtschaft, sondern vor allem auch den Führungs- und Machtanspruch der SED infrage zu stellen drohte, musste die Parteispitze viel mehr Mittel in den Konsum stecken als in anderen osteuropäischen Ländern, die ohne diesen direkten Vergleich existierten. Das geschah vor allem ab dem Amtsantritt Erich Honeckers im Jahre 1971. Die Folge war, dass Geld für Investitionen fehlte. Das wiederum schmälerte die Leistungs- und Wettbewerbsfähigkeit der DDR-Wirtschaft. Die technische Ausrüstung der Betriebe veraltete zusehends, der notwendige Erhalt und Ausbau der Infrastruktur blieb aus, sodass Straßen und Ge-

bäude verfielen beziehungsweise nicht neu gebaut wurden. Auf
Innovationen wurde ebenfalls weitgehend verzichtet, was auch
dadurch gefördert wurde, dass Betriebe ausschließlich nach der
Quantität und nicht nach der Qualität ihrer Produkte beurteilt
wurden. Honeckers Strategie von 1971, über eine vorübergehen-
de Verschuldung westliche Technologie zu kaufen, um damit die
eigene Wirtschaft konkurrenzfähig zu machen und ihr zu ermöglichen, Produkte preiswerter auf dem Weltmarkt zu verkaufen,
und dann mit dem Gewinn die Schulden zurückzuzahlen, schlug
schon nach wenigen Jahren fehl. Die Schulden blieben nicht nur,
sie wuchsen an – ebenso wie der Rückstand in Technologie oder
Lebensstandard.

Bis in die Achtzigerjahre hinein musste die DDR immer wieder
von der Sowjetunion, zum Beispiel durch günstige Rohstofflliefe-
rungen, unterstützt werden. Wenn es um wirtschaftliche Belange
ging, vergaß Ostberlin auch gerne, wer der schlimmste „imperialistische" Feind war: die Bundesrepublik. Die DDR profitierte von
der Tatsache, dass sie als „heimliches" Mitglied der Europäischen
Gemeinschaft (EG) beim Handel mit anderen EG-Staaten keine
Zollgebühren zahlen musste. Auch Geld nahm die SED-Führung
durchaus aus der Hand des Klassenfeindes gerne an – nicht nur in
Form des Zwangsumtauschs, den Bundesbürger beim Besuch in
der DDR leisten mussten. Anfang der Achtzigerjahre erhielt sie
zwei von der Bundesregierung verbürgte Kredite verschiedener
West-Banken in Höhe von 1,95 Milliarden DM. Ohne diese Hilfe
hätte bereits 1982 die Zahlungsunfähigkeit gedroht.

Um an Geld aus dem Westen zu kommen, zog die SED-Führung auch einen organisierten Menschenhandel auf. Seit den
Sechzigerjahren kaufte die Bundesregierung regelmäßig politisch
Inhaftierte aus der DDR frei. Die Justiz wurde so als Zulieferbe-
trieb für den DDR-Außenhandel missbraucht – vor allem seit
dem Ansteigen der Ausreiseanträge in den Achtzigerjahren ein
lohnendes Geschäft: Mit dem „Verkauf" von mehr als 33.000 In-
haftierten verdiente die DDR gut 3,4 Milliarden DM. In den letzten Jahren des Bestehens der DDR zapfte aber die Führung auch
die eigene Bevölkerung im wahrsten Sinne des Wortes an: Mit

staatlichen Kampagnen in Betrieben und öffentlichen Einrichtungen wurde zur unentgeltlichen Blutspende aufgerufen und dies zur humanitären Pflicht oder zu einem Akt internationaler Solidarität im Kampf gegen den Imperialismus erklärt. Das Blut wurde anschließend über eine Tarnfirma gegen Devisen an ein westdeutsches Unternehmen verkauft. Voll integriert in das Wirtschaftssystem waren auch die rund 40.000 Gefängnishäftlinge, die in der DDR zumeist gegen einen kaum erwähnenswerten Lohn schwere körperliche Arbeit verrichten mussten. Sie erwirtschafteten mindestens eine Milliarde Mark pro Jahr. Wie wichtig sie für die Wirtschaft waren, zeigte sich, als im Oktober 1987 auf einen Schlag 27.000 Häftlinge im Rahmen einer Amnestie freikamen. Plötzlich fehlten in zentralen Bereichen der Wirtschaft so viele Arbeiter, dass zur Erledigung der liegen bleibenden Arbeit vorübergehend Soldaten und Bereitschaftspolizisten abkommandiert werden mussten. Die Situation entspannte sich erst, als ein halbes Jahr später die Gefängnisse wieder mit genügend Häftlingen gefüllt waren. Oftmals wurden zu diesen Arbeiten politische Gefangene gezwungen.

Die Federführung über solcherart Geschäfte hatte der Bereich „Kommerzielle Koordinierung" (Koko) unter ihrem Chef Alexander Schalck-Golodkowski. Mitte der Sechzigerjahre zunächst als Teil des Ministeriums für Außenhandel gegründet, sollte die Koko „außerhalb des Staatsplans" eine „maximale Erwirtschaftung ausländischer Valuta" erreichen. 1976 siedelte die Koko in den Bereich von Günther Mittag, dem Sekretär des Zentralkomitees für Wirtschaftsfragen, über. Sie war zu jeder Zeit eng mit dem Ministerium für Staatssicherheit verflochten und bediente sich auch dessen Methoden. Hauptaufgabe war, unter Umgehung westlicher Embargobestimmungen an Erkenntnisse im Bereich der Hochtechnologie zu kommen. Mit einer intensiven Spionagetätigkeit sollten hier die großen Rückstände der DDR wettgemacht werden. Zu Schalck-Golodkowskis Aufgaben gehörte es auch, die Prominenten-Siedlung Wandlitz bei Berlin, in der viele SED-Spitzenpolitiker wohnten, mit westlichen Konsumgütern zu versorgen, die für die normale Bevölkerung unerreichbar waren.

62,8 Millionen DM wurden alleine dafür zwischen 1980 und 1989 ausgegeben.

Zum Bereich der Koko gehörte auch die Kunst- und Antiquitäten GmbH. In enger Kooperation mit der Staatssicherheit, der Zollverwaltung und der Staatsanwaltschaft war ihre Aufgabe die planmäßige und systematische Enteignung von Kunst- und Antiquitätenbesitzern. Dies geschah zumeist mithilfe fingierter Steuer- und anderer Strafverfahren: Den Betroffenen wurden Vergehen wie beispielsweise Steuerhinterziehung angehängt, die sie niemals begangen hatten, und am Ende als „Strafe" ihr Besitz eingezogen. Auch bei Ausreisen griff die Koko zu, nachdem der rechtmäßige Besitzer eigenhändig eine Liste mit seinen Wertgegenständen hatte erstellen müssen. „Die Praktiken in der DDR erinnerten viele Zeitgenossen an die des nationalsozialistischen Systems gegenüber zur Emigration bereiten Juden in der Zeit bis 1939" (Stefan Wolle).

Doch all diese Maßnahmen nützten nichts: Am Ende war die DDR pleite und die Wirtschaft ruiniert. Der Schuldenstand beim „nichtsozialistischen Ausland" belief sich auf 21 Milliarden DM. Gerhard Schürer, einer der führenden Wirtschaftsfachleute der DDR, schrieb im Oktober 1989 in einem Papier für den neuen SED-Generalsekretär Egon Krenz: „Allein ein Stoppen der Verschuldung würde im Jahr 1990 eine Senkung des Lebensstandards um 25 bis 30 Prozent erfordern und die DDR unregierbar machen." Schalck-Golodkowski kündigte die Zahlungsunfähigkeit für Ende 1989 oder Anfang 1990 an und setzte sich anschließend nach Bayern ab. Diese Verschuldungskrise hatte sich seit Jahren angekündigt. Seit 1982 hatte die DDR über Kredite neue Schulden machen müssen, um die alten begleichen zu können – ein gefährlicher Teufelskreis, aus dem es kein Entrinnen mehr gab. Dieser dramatische Zustand war im Westen übrigens bis zum Fall der Mauer verborgen geblieben. Schürer schrieb in seinem Papier schonungslos auf, wie es dazu hatte kommen können: „Es wurde mehr verbraucht, als aus eigener Produktion erwirtschaftet wurde …" Die Sozialpolitik habe nicht mehr auf eigenen Leistungen beruht, sondern zu einer ständig steigenden

Verschuldung im nichtsozialistischen Ausland geführt. Anders formuliert: Obwohl es in der DDR gerade auch beim täglichen Bedarf an Gütern einen permanenten Mangel gab und der Lebensstandard deutlich unter dem in der Bundesrepublik lag, hatte aufgrund der schwachen Wirtschaftsleistung einerseits und der Sozialleistungen und staatlichen Subventionen für Konsumgüter andererseits jeder einzelne DDR-Bürger deutlich über seine Verhältnisse gelebt. Um auf eine mit der Bundesrepublik vergleichbare industrielle Produktivität zu kommen, wären nach Einschätzung von Wirtschaftsfachleuten der DDR auf einen Schlag mindestens 500 Milliarden Mark nötig gewesen – das Doppelte des jährlichen Nationaleinkommens. Die SED hatte sich ihre viel gerühmten „sozialistischen Errungenschaften" durch die Aufnahme von Krediten letztendlich vom Westen bezahlen lassen – solange, bis sie aufgrund ihrer hohen Verschuldung handlungsunfähig war. Auch wenn in den Neunzigerjahren zweifellos Fehler beim sogenannten Aufbau Ost gemacht wurden – der eigentliche Grund für die wirtschaftliche Misere in den neuen Bundesländern nach dem Fall der Mauer war das komplette Versagen der SED-Wirtschaftspolitik davor.

3.2 Umweltkatastrophe: Plan übererfüllt

Warum sich heute in vielen Köpfen die Ansicht durchgesetzt hat, die DDR sei ein sauberes Land gewesen, in dem die Umwelt ein hohes, hinlänglich geschütztes Gut gewesen sei, ist nicht nachzuvollziehen. Diese These wird nicht einmal von den berufsmäßigen DDR-Apologeten vertreten. Möglich ist, dass viele Menschen ganz einfach durch die vielen Berichte, die sie über heutige Umweltprobleme sehen oder lesen, den Rückschluss ziehen, dass die Natur – und damit auch der Mensch – im untergegangenen real existierenden Sozialismus besser geschützt worden sei. Das könnte besonders auf Ostdeutsche zutreffen, denn in der DDR wurden Umweltprobleme offiziell nicht thematisiert, Berichte darüber unterdrückt. Im Westen wiederum mögen vor allem Menschen in stärker belasteten Regionen den falschen Eindruck gewinnen, so schlimm wie bei ihnen könne es in der DDR gar nicht gewesen sein.

*

Die Katastrophe war seit Langem vorhersehbar gewesen, doch geschehen war nichts. Dann war sie nicht mehr aufzuhalten: Als sich im Januar 1987 außergewöhnlich starke Regenfälle über Dresden ergossen und die Elbe massiv anschwellen ließen, machte das Regenwasserpumpwerk der Kläranlage Dresden-Kaditz schlapp. Das führte zu einem kompletten Ausfall der gesamten Anlage. Ausgewichen werden konnte nicht, denn Kaditz war für die ganze Stadt zuständig. Die Anlage war einst die modernste ihrer Art in ganz Europa gewesen – allerdings im Jahr ihres Baus 1910. Seitdem war fast nichts zu ihrer Instandhaltung geschehen. Finanzielle Mittel dafür gab es nun nicht, und so flossen bis zum Herbst 1989 alle Abwässer der Großstadt völlig unbehandelt in die Elbe. Sechs Jahre zuvor war es den Bürgern von Jena nicht besser ergangen. Weil dort die Rohrnetze zur Leitung des Trinkwassers nicht mehr gespült worden waren, konnten sich Krankheitserreger ablagern, die sich selbst im chlorhaltigen Wasser vermehren konnten. Das führte schließlich zu einer Typhusepidemie in der Bevölkerung.

Dies sind nur zwei besonders greifbare Fälle, die die dramatische Umweltsituation in der DDR widerspiegeln. Diese war indes für die Bürger täglich zu spüren: durch eine starke Verunreinigung der Luft mit Schadstoffen und eine massive Staubbelastung (die in einigen Gegenden, in denen sich große Industriekombinate befanden, zu morgendlichen Ablagerungsschichten auf den Autos führte), durch teils unerträgliche Geruchsbelästigungen, verseuchten Boden, Tausende von wilden Mülldeponien, unerträgliche Lärmbelästigung, durch ein zuletzt bedrohlich zunehmendes Erkranken und Absterben des Waldes sowie durch die Verschandelung der Landschaft durch den großflächig betriebenen Braunkohleabbau.

Hervorgerufen wurden diese Probleme im real existierenden Sozialismus durch den absoluten Vorrang der Wirtschaft vor der Umwelt. Wenn es um dringend benötigte Produktionssteigerungen ging, waren den SED-Oberen der Schutz der Umwelt und damit die Gesundheit der Bevölkerung egal. Diese Realität stand allerdings im krassen Widerspruch zur Rechtslage, denn in verschiedenen Gesetzen war der Umweltschutz festgeschrieben. Doch auch und gerade beim Thema Umwelt interessierte sich die Parteiführung nicht für die von ihr bestimmten Gesetze. Umweltverschmutzung durfte es nach ihrer Ideologie auch gar nicht geben. Denn sie galt als Ausdruck der Profitgier des Kapitalismus, während im Sozialismus doch die Interessen von Produzenten und Gesellschaft identisch waren. Sollte es doch zu Umweltschäden gekommen sein, waren sie ein Erbe des Kapitalismus oder bestenfalls der Übergangssituation hin zum Sozialismus geschuldet. Umweltdaten, die die DDR-Behörden erheben ließen, waren wie wichtige Unterlagen des Ministeriums für Staatssicherheit offiziell „geheime Verschlusssache", da sie angeblich nur dem Klassenfeind für seine Propaganda dienten. Seit 1982 wurden DDR-Bürger, die Umweltdaten sammelten und/oder sie veröffentlichten, präventiv als kriminell verfolgt.

Mehr als vierzig Jahre nach der „Überwindung" des Kapitalismus mochten indes viele DDR-Bürger nicht mehr an die Vererbungstheorie glauben, sahen sie doch täglich die Schornsteine der Industriekombinate ihren gesundheitsschädigenden Qualm in die Luft blasen. Das zeigten Umfragen aus den Achtzigerjahren, die die Akademie der Wissenschaften durchführen ließ. Im Januar 1990 galt nach dem „Sozialreport '90" (eine Erhebung durch grundsätzlich systemtreue Wissenschaftler) eine gesunde Umwelt 98,1 Prozent der DDR-Bürger als wichtig oder sehr wichtig. Damit rangierte die Umwelt vor allen anderen Themenbereichen. Heute wird oft vergessen, dass gerade auch das große Ausmaß der Umweltverseuchung in hohem Maße zur Unzufriedenheit der DDR-Bürger beitrug und ein Grund war, warum sie 1989 auf die Straße gingen. Die allermeisten waren mit ihrem eigenen Umweltverhalten zufrieden – eine Verdrängung der Tatsache, dass aufgrund der hohen staatlichen Subvention für Energie und des völligen Fehlens marktwirtschaftlicher Preise der Pro-Kopf-Energieverbrauch in der DDR der dritthöchste der Welt

war. Wer für Strom oder Wasser praktisch nichts bezahlen musste, machte sich eben auch keine Gedanken über die umweltfeind-
liche Verschwendung der Ressourcen.

Das kann nicht verwundern, denn das Problem war allumfas-
send und sorgte dafür, dass die DDR eine „Spitzenstellung" in
Europa und auch weltweit hatte. So sorgte die hohe Schadstoff-
belastung der Luft für erhebliche gesundheitliche Beeinträchti-
gungen. Der Pro-Kopf-Ausstoß an Schwefeldioxid war mehr als
zehnmal so hoch wie in der Bundesrepublik und weltweit Spitze.
Alleine auf dem Gebiet des heutigen Landes Sachsen war er 1989
doppelt so hoch wie in der gesamten Bundesrepublik. Ein Jahr
zuvor lebten 36,8 Prozent der Menschen in der DDR in Regionen, in denen die Grenzwerte dauerhaft überschritten wurden.
Zurückzuführen war diese hohe Belastung auf mehrere Gründe:
vor allem auf die praktisch völlig fehlende Wärmedämmung in
den privaten Haushalten und die zur Energiegewinnung fast ausschließlich und ohne jegliche Filtereinrichtungen verwendete,
stark schwefelhaltige Braunkohle. Die DDR „exportierte" Schwefeldioxid auch in hohem Maße an die Nachbarländer (besonders
Polen) und sorgte damit auch dort für einen Anstieg der Umweltverschmutzung. Auch die Kohlendioxidemissionen waren
pro Kopf berechnet doppelt so hoch wie in der Bundesrepublik.
Beim giftigen Kohlenstoffdisulfid lag in der Umgebung des Che-
miefaserkombinats Schwarza die Belastung beim 74-fachen der
zulässigen Höchstwerte. Rund 4,3 Millionen Menschen mussten
zudem in Gegenden leben, in denen der gesundheitlich zulässige
Grenzwert bei Staubniederschlägen überschritten wurde. Schwere Schäden trug der Wald davon. 1989 waren etwas mehr als die
Hälfte aller Bäume krank (ein Wert, bei dem die Bundesrepublik
allerdings mithalten konnte).

Dramatische Ausmaße nahmen auch die Belastungen für die
Bevölkerung durch den Abbau von Uran an – die DDR war dritt-
größter Uranlieferant der Welt. Im Wismut-Komplex wurde
praktisch kein Wert auf die Sicherheit der Arbeiter vor einer
Atomverseuchung gelegt. Mehr als 5000 Bergarbeiter starben infolge ihrer Tätigkeit; Erbschäden und direkte körperliche Behin-

derung tragen bis heute die Angehörigen der zweiten und dritten Generation davon. Nicht besser sah es beim Schutz der Atomkraftwerke aus, bei denen sämtlich auf eine Betonhülle verzichtet worden war und die nicht westdeutschem Standard entsprachen. 1975 kam es im Atomkraftwerk Lubmin bei Greifswald zu einem geheim gehaltenen schweren Störfall, der beinahe zur Katastrophe geführt hätte. Nach dem Fall der Mauer kam zudem an das Tageslicht, dass rund um die Atomstandorte Rheinsberg, Greifswald und Rossendorf eine deutliche Erhöhung der Leukämieraten bei Kindern aufgetreten war.

Katastrophal war die Hinterlassenschaft des real existierenden Sozialismus auch hinsichtlich der Situation beim Trink- und Abwasser. Als die DDR am Ende war, waren nur 3 Prozent der Wasserläufe und 1 Prozent der stehenden Gewässer ökologisch vollkommen unbelastet. 42 beziehungsweise 24 Prozent waren für die Gewinnung von Trinkwasser nicht mehr zu gebrauchen. Der Hauptgrund war die zumeist ohne jede Reinigung erfolgte Einleitung der Abwässer durch die Industrie. 95 Prozent der Industrieabwässer wurden gar nicht oder nur unzureichend gereinigt. Und nur 36 Prozent der Bevölkerung war an biologische Kläranlagen angeschlossen, von denen viele allerdings gar nicht funktionstüchtig waren (Bundesrepublik: 90 Prozent). Bis zu 70 Prozent der 36.000 Kilometer öffentlicher Abwasserkanäle wiesen Schäden auf.

Besonders offensichtlich wurde der Widerspruch zwischen Gesetz und Realität im Bereich der Abfallwirtschaft. Hier gab es Gesetze, die den internationalen Standards entsprachen – die Wirklichkeit sah indes ganz anders aus. Neben 121 geordneten Deponien für Hausmüllablagerungen gab es DDR-weit Mitte der Achtzigerjahre rund 1000 sogenannte kontrollierte Ablagerungen, die restlichen rund 10.000 Standorte waren nichts anderes als wilde Müllkippen, auf denen die zuständigen Städte und Gemeinden oder Industriebetriebe ihren Müll einfach abluden. Das führte unter anderem zu einer Verseuchung von Boden und Grundwasser, denn viele giftige Stoffe sickerten einfach ein.

Um den Energiebedarf und damit die industrielle Produktion zu sichern, ließ die DDR-Führung flächendeckend Braunkohle abbauen, die zugleich wichtigster Energieträger und größter Luftverpester war. Dem Tagebau fielen vor allem im Mitteldeutschen und Lausitzer Braunkohlerevier nicht nur zahlreiche Dörfer zum Opfer, womit viele Menschen ihre Heimat verloren. Er bedeutete auch eine großflächige Zerstörung von Natur und Landschaft. Er hinterließ Kippen, Halden, Restlöcher. Trotz der gesetzlichen Verpflichtungen wurde nur ein Teil der zerstörten Flächen wieder rekultiviert. Wenn sich die Entwicklung der Umweltzerstörung fortgesetzt hätte, „wären große Teile des ostdeutschen Territoriums endgültig zu ökologischen Katastrophengebieten geworden. Die DDR hätte aus eigener Kraft niemals ihre ständig wachsenden Umweltbelastungen wirksam reduzieren können" (Carlo Jordan).

4. Die Mär vom besseren Deutschland

4.1 Antifaschismus: Instrument der SED

Der Antifaschismus – besser: das, was die SED-Führung darunter verstand – war im Selbstverständnis der Partei die moralische Grundsäule der DDR schlechthin. Er machte sie zum vermeintlich „besseren deutschen Staat", der sich von Diktatur und Gewalt losgesagt und eine demokratische Ordnung durchgesetzt habe. Dieser Antifaschismus hatte sich tief in das Bewusstsein selbst systemkritischer DDR-Bürger eingeprägt. Nirgends war die SED bei ihrem Bemühen, Einfluss auf die Gedankenwelt der großen Masse zu nehmen, erfolgreicher als hier. Wenn schon die DDR so viele Schwächen und Fehler hatte, wenn sie die Meinungs- oder Reisefreiheit auch unterdrückte: Beim Blick auf den Umgang mit der nationalsozialistischen Vergangenheit schien sie weit fortschrittlicher zu sein als die Bundesrepublik, in der ehemalige Nazis bis in die Spitzen von Politik, Wirtschaft und Gesellschaft gelangten. Bis heute ist der Glaube an das vermeintlich „bessere" Deutschland bei vielen nicht erloschen oder lebt wieder auf – eine Entwicklung, die von politisch interessierter Seite bewusst gefördert wird. Laut Umfragen erfasst er auch die jüngeren Generationen. Dieser Mythos lebt oder ersteht in Teilen der Bevölkerung wieder neu. Das gilt im Übrigen auch für den selbst ernannten „Friedensstaat" DDR.

✳

„Schaffendes Volk in Stadt und Land! Männer und Frauen! Deutsche Jugend! Wohin wir blicken, Ruinen, Schutt und Asche. Unsere Städte sind zerstört, weite ehemals fruchtbare Gebiete verwüstet und verlassen. Die Wirtschaft ist desorganisiert und völlig gelähmt. Millionen und Abermillionen Menschenopfer hat der Krieg verschlungen, den das Hitlerregime verschuldete. Millionen wurden in größte Not und größtes Elend gestoßen. Eine Katastrophe unvorstellbaren Ausmaßes ist über Deutschland hereingebrochen, und aus den Ruinen schaut das Gespenst der Obdachlosigkeit, der Seuchen, der Arbeitslosigkeit, des Hungers."

Mit dieser Zustandsbeschreibung begann der Aufruf der KPD an das deutsche Volk vom 11. Juni 1945 – niemand hätte ihm fünf Wochen nach Kriegsende widersprechen können. Auch hinter dem folgenden Satz konnten sich alle Deutschen gleich welcher politischen Couleur versammeln: „Die Schuld und Verantwortung tragen die gewissenlosen Abenteurer und Verbrecher, die die Schuld am Kriege tragen. Es sind die Hitler und Göring, Himmler und Goebbels, die aktiven Anhänger und Helfer der Nazipartei." Die KPD, als erste Partei von der Sowjetischen Militäradministration in Deutschland (SMAD) wieder zugelassen, wollte sich von Anfang an beim Aufbau der zukünftigen Gesellschaft an die Spitze setzen. Tatkräftig unterstützt von der Besatzungsmacht, war den führenden Männern um Walter Ulbricht wohl bewusst, dass der Kommunismus oder Sozialismus in weiten Teilen der Bevölkerung verpönt war. So verbarg sie ihr eigentliches Ziel – den Aufbau des Sozialismus – in Deutschland zunächst. „Wir sind der Auffassung, dass der Weg, Deutschland das Sowjetsystem aufzuzwingen, falsch wäre, denn dieser Weg entspricht nicht gegenwärtigen Entwicklungsbedingungen", hieß es ebenfalls im KPD-Aufruf. Der richtige Weg sei vielmehr der „der Aufrichtung eines antifaschistischen, demokratischen Regimes, einer parlamentarisch-demokratischen Republik mit allen demokratischen Rechten und Freiheiten für das Volk". Nichts davon war tatsächlich das Ziel der KPD, die sich zehn Monate später mit der SPD zur SED zwangsvereinigte. Interessant an dem Aufruf ist aber die Verwendung des Begriffs „antifaschistisch". Der Antifaschismus sollte sich zu einem echten Erfolgsprodukt der Propaganda entwickeln. Denn in den ersten Jahren nach den Schrecken des Krieges versammelten sich praktisch alle demokratisch und sozialistisch/kommunistisch gesinnten Deutschen gemeinsam hinter dieser Formel. Dass die Demokraten und die Kommunisten darunter etwas völlig Unterschiedliches verstanden und die bald herrschende SED ihre politisch instrumentalisierte Version des Antifaschismus zur Durchsetzung ihrer Ziele instrumentalisierte und missbrauchte, zeigte sich indes schon sehr bald.

Im Westen war der Begriff „Antifaschismus" eine zusammenfassende Bezeichnung für die vielfältig organisierte und unterschiedlich motivierte Gegnerschaft zu Faschismus und Nationalsozialismus. Dazu zählte nach der Definition des „Brockhaus"-Lexikons der bürgerlich-liberale Widerstand gegen die Herrschaft der Nationalsozialisten, der den Rechtstaat, die Meinungsfreiheit und die parlamentarische Demokratie wiederherstellen wollte, ebenso wie der kommunistische mit seinen klassenkämpferisch-revolutionären Zielen. Ganz anders die Definition der Sowjets und der SED. Im marxistischen „Philosophischen Wörterbuch der DDR" war Faschismus die Bezeichnung für eine kapitalistische Diktatur, die sich dem Heilsweg in den Kommunismus entgegenzustellen versucht: „Der Faschismus ist die Reaktion der imperialistischen Bourgeoisie auf die Veränderungen des Kräfteverhältnisses seit dem Beginn der allgemeinen Krise des Kapitalismus, seit dem Sieg der Großen Sozialistischen Oktoberrevolution, die den weltweiten Übergang vom Kapitalismus zum Sozialismus einleitete." Faschismus galt dementsprechend als die „höchstentwickelte Form des Monokapitalismus". Diese Deutung ging schon auf die Zwanziger- und Dreißigerjahre zurück, als der Hauptgegner der streng stalinistischen KPD unter Ernst Thälmann nicht die aufstrebende NSDAP, sondern die SPD war, die sie als „Sozialfaschisten" bekämpfte – ein Grund für den Untergang der Weimarer Republik. Eigentlich hätten es die SPD und die bürgerlich-demokratischen Parteien CDU und LDPD also 1945 besser wissen müssen oder zumindest können. Doch der Schrecken des Krieges und der Nazi-Barbarei an den Juden saß so tief und die Hoffnung auf ein Zusammengehen aller Parteien war so groß, dass man zunächst der KPD/SED ihre Bekehrung zu demokratischen Grundsätzen glaubte und glauben wollte. Das nahm die SED geschickt auf und nutzte den Antifaschismus als Mittel zur Integration der anderen Parteien in einen „antifaschistischen Block". Sie täuschte die anderen Parteien; zunehmend wurden bald aber auch Zwang und Repression ausgeübt. „Es muss demokratisch aussehen, aber wir müssen alles unter Kontrolle haben", lautete Ulbrichts Motto. Die Parteiführung ersetzte den Begriff „Sozialismus" durch „Antifaschismus", der so das Instrument zur Durchsetzung der eigenen Vorstellungen wurde.

Wie einst die Nazis bestimmten, wer Jude und wer „Arier" sei, so maßte sich jetzt die SED mit Unterstützung der sowjetischen Besatzungsmacht die Unterscheidung zwischen „Faschisten" und „Antifaschisten" an. Die Partei ging davon aus, dass jeder „Antifaschist" zugleich Sozialist und Freund der Sowjetunion sei. Wer das nach ihren Maßstäben nicht war, war eben auch kein Antifaschist – und damit ein „Faschist". Das konnte leicht auch ehemalige aktive Gegner des Nationalsozialismus treffen, die unter diesem Vorwand ins Gefängnis geworfen wurden. Damit wurde der eigentliche Grund verdeckt, dass sie sich gegen die von Ulbricht und der Parteiführung vorgegebene Richtung aufgelehnt hatten. Wie absurd der Faschismus-Vorwurf oftmals sein konnte, zeigt ein besonders krasses Beispiel: Da die SED die Formel aufbrachte, dass Faschismus und Imperialismus (den sie in der Bundesrepublik oder den USA am Werke sah) das Gleiche seien, beziehungsweise der Faschismus als „höchste Stufe des Imperialismus" definiert wurde und auch jüdische Unternehmer, die im „Dritten Reich" enteignet worden waren als „Imperialisten" angesehen wurden, galten diese somit letztlich als „Faschisten" (siehe Kapitel *Juden*)

Daher kann es auch nicht verwundern, dass die SED, die die „wissenschaftlichen Erkenntnisse" des Marxismus-Leninismus stets hervorhob, ausgerechnet den Antifaschismus nie wissenschaftlich erklären ließ, sondern jede objektive wissenschaftliche Erklärung unterband. Es wurde stets die moralische Seite betont. Der Parteiführung war natürlich klar, dass objektive Erkenntnisse über den Antifaschismus direkt zu einer Gegnerschaft zum Stalinismus geführt hätten, denn bis auf die systematische Judenverfolgung wiesen Nationalsozialismus und Stalinismus als diktatorische Systeme viele strukturelle Gemeinsamkeiten auf. Auch die Deutung des Faschismus wurde jenseits aller objektiven Erkenntnisse (westlicher) Historiker durch die Parteiideologen systematisch verkürzt. Durch die Behauptung der SED-Führung, der Faschismus sei einzig durch die „Imperialisten" und „Monopolkapitalisten" an die Macht gekommen und von diesen Kräften unterstützt worden, konnten sich die DDR-Bürger als entlastet betrachten. Die Partei gab der Masse der einstigen NSDAP-Mitglieder und Nazi-Anhänger einen „Persilschein", der ihre Unschuld dokumentieren sollte. Kein Wunder, dass die Interessen von Partei und Masse in dieser Frage eng beieinanderlagen. Scham konnte so für die Verbrechen, die in deutschem Namen während der Zeit des „Dritten Reiches" begangen worden waren, natürlich nicht aufkommen, ebenso wenig eine gesellschaftliche oder individuelle Auseinandersetzung damit. So konnte die Verstrickung der Massen (und damit auch die persönliche) ausgeblendet und verdrängt werden. Nach offizieller Doktrin lebten alle ehemaligen Nazis ohnehin in der Bundesrepublik, wo man sich ob dieser absurden Behauptung den Scherz erlaubte, dann sei Hitler wohl auch ein Westdeutscher gewesen. Es ist nicht zu übersehen, dass es an dieser Stelle tatsächlich eine Interessenkongruenz zwischen Partei und großer Mehrheit der Bevölkerung gegeben hat.

Dabei erschien die Entnazifizierung in der SBZ/DDR augenscheinlich tatsächlich erheblich stringenter durchgeführt als im Westen, was nicht nur die eigene Bevölkerung glaubte, sondern auch viele Menschen in der Bundesrepublik. Alle ehemaligen NS-Funktionäre wurden aus ihren Berufen entfernt, Richter- und Lehrerschaft komplett durch im Eiltempo mehr schlecht als recht ausgebildete „Volksrichter" und „Neulehrer" ausgetauscht. Es ging der SED dabei aber gar nicht in erster Linie um die Entfernung ehemaliger Nazis, sondern um den Einsatz parteiergebener neuer Männer und Frauen an deren Stelle. Rasch hatte sich die SED mithilfe der SMAD alle wichtigen Ämter und Funktionen erobert, sodass sie diese „Entnazifizierung" ganz in ihrem Sinne steuern konnte.

Die SED definierte die Jahre 1945 bis 1952 als Phase der „antifaschistisch-demokratischen Umwälzung". Wurden diese Jahre später gerne von der Partei, ihren Anhängern und selbst breiten Kreisen der Bevölkerung später (und teilweise bis heute) romantisiert, so waren es in Wirklichkeit die schlimmsten Jahre des stalinistischen Terrors in der SBZ/DDR. Neben die Rolle des „Antifaschismus" als Integrationsmittel trat sehr schnell die als Kampfmittel zur Beseitigung von Gegnern und zur Einführung neuer gesellschaftlicher, sozialer und wirtschaftlicher Strukturen. Es ging um die Durchsetzung einer sozialistischen Diktatur, in der kein Widerspruch geduldet und die bürgerlichen Parteien gleichgeschaltet wurden; in der Privateigentum möglichst ausgeschaltet werden sollte (was schubweise bis in die Siebzigerjahre hinein dauerte).

Unter dem Deckmantel der Entnazifizierung wurden Großbauern, Unternehmer und Mittelständler unter Zwang und mit brutalsten Mitteln enteignet. „In der Praxis wurden Unternehmen dann als ‚enteignungswürdig' betrachtet, wenn sie eine bestimmte wirtschaftliche Größe hatten, unabhängig davon, ob ihre Eigentümer oder Inhaber tatsächlich politisch belastet waren. In der Konsequenz wurden in der Industrie eigentlich alle Großbetriebe und darüber hinaus weite Teile des Mittelstandes erfasst" (André Steiner). Fritz Selbmann, Vizepräsident der sächsischen Landesverwaltung für Wirtschaft und Arbeit, gab in einer internen Funktionärsversammlung die Marschrichtung vor: Es ginge nicht darum, ob jemand „belastet (sei) oder nicht, sondern es steht die Klassenfrage" auf der Tagesordnung. Viele der Enteigneten wanderten in die von der SMAD unterhaltenen Lager, nicht weil sie Nazis gewesen, sondern weil sie keine Sozialisten waren, der „falschen" Klasse angehörten. Hier starben 1945 bis 1950 zwischen 43.000 und 65.000 Menschen, 150.000 bis 180.000 waren inhaftiert. 1950 übernahm die DDR die letzten mehr als 3000 Gefangenen und urteilte sie in den sogenannten Waldheimer Prozessen in halbstündigen Schnellverfahren ohne die Möglichkeit einer Verteidigung und versteckt vor der Öffentlichkeit ab (siehe Kapitel *Justiz*). Viele Großbauern oder Unternehmer flohen auch in den Westen und ließen ihre Heimat sowie ihr Hab und Gut zurück.

1949 und 1952 erließ die SED Gesetze, die diese Phase beendeten. Von nun an bemühte sie sich geradezu um die einstigen NSDAP-Mitglieder. Wer am Aufbau des Sozialismus mitarbeiten wollte, konnte dies nun gerne tun, das Bekenntnis zur SED reichte dafür völlig aus. Als verwerflich galt nicht die Mitgliedschaft, sondern ihr Verschweigen, weil es ein Misstrauen gegenüber der SED bezeichne. Bald galt die SED als „großer Freund der kleinen Nazis". Sie hatte 1953 immerhin 96.000 ehemalige Angehörige der NSDAP in ihren Reihen. Daneben wurde eigens eine Partei für frühere kleine Nazis gegründet – die Nationaldemokratische Partei Deutschlands (NDPD).

Die DDR war auch keineswegs der „Hort des Antifaschismus", als den sie sich in Abgrenzung zur Bundesrepublik gern selbst bezeichnete. So war beispielsweise Kurt Schumann, Präsident des Obersten Gerichts von 1949 bis 1960, in der NSDAP und während des Krieges als Kriegsgerichtsrat in der Wehrmacht tätig gewesen. Das passte natürlich überhaupt nicht ins Bild der angeblich völlig entnazifizierten Justiz. Und während die SED-Führung Kampagnen gegen westdeutsche Politiker mit NS-Vergangenheit wie Konrad Adenauers Staatssekretär Hans Globke, Vertriebenenminister Theodor Oberländer oder Bundespräsident Heinrich Lübke (mit zum Teil gefälschtem Material) lostrat, stiegen ehemalige Nazis im Osten in hohe Ämter der Politik auf. Acht von ihnen gelangten nach Angaben des Historikers Hubertus Knabe auf Ministerposten, zwei wurden stellvertretende Ministerpräsidenten. Der DDR-Experte Karl-Heinz Fricke hat 1995 vor der Enquetekommission des Bundestages „Aufarbeitung von Geschichte und Folgen der SED-Diktatur in Deutschland" Beispiele von ehemaligen NSDAP-Mitgliedern gebracht, die noch in den letzten Jahren der DDR an herausgehobenen Positionen wirkten. Darunter waren Heinz Eichler, Sekretär des Staatsrates, Heinrich Homann, stellvertretender Vorsitzender des Staatsrates und der NDPD (er war einer der von Adolf Hitler besonders geschätzten „Alten Kämpfer", also ein Mitglied aus der Frühzeit der Nazi-Partei), Hans Reichelt, Vizepremier und Minister für Umweltschutz, Herbert Weiz, Minister für Wirtschaft und Technik, Bruno Lietz, Minister für Land- und Forstwirtschaft, Gerhard Beil, Minister für Außenhandel, Horst Stechbarth, Vizeverteidigungsminister. Noch in der 1986 neugewählten Volkskammer waren 19 der 500 Abgeordneten ehemalige NSDAP-Mitglieder, im selben Jahr traf dies auf 13 der 165 Mitglieder des Zentralkomitees der SED zu. Ebenso fanden sich in der Presse, in der Nationalen Volksarmee und beim Ministerium für Staatssicherheit Ex-Nazis. Es war kein Einzelfall, dass ein „echter Antifaschist", der Widerstand gegen Hitler geleistet und vielleicht im Konzentrationslager gesessen hatte, nun aber wegen seiner Gegnerschaft zum stalinistischen System der DDR als „Faschist" bezeichnet und verurteilt wurde, einem Vernehmer vom MfS gegenübersaß, der im Dritten Reich Parteimitglied gewesen war und nun als guter „Antifaschist" galt.

Zur Integrationsfunktion des Antifaschismus gehörte auch die Verengung und Mystifizierung des Widerstandes gegen Hitler. Nach offizieller Lesart hatte es praktisch nur kommunistischen Widerstand gegeben, der sozialdemokratische und bürgerliche wurden ausgeblendet. Die kommunistischen Widerstandskämpfer, zu denen auch Mitglieder der Parteiführung gehört und die zum Teil im KZ oder im Zuchthaus gesessen hatten, wurden geradezu mystifiziert. Viele von ihnen hatten tatsächlich schwer unter dem Nationalsozialismus gelitten – das bedeutete gleichwohl nicht, dass sie Demokraten im Sinne einer bürgerlichen und pluralistischen Gesellschaft waren. Die Mystifizierung bezog sich auch nur auf diejenigen, die im sowjetischen Machtbereich gelebt hatten. Jene, die in den Westen geflohen waren, wurden totgeschwiegen. Ebenso wurde das Schicksal der kommunistischen NS-Opfer stark übertrieben hervorgehoben, während bürgerliche oder sozialdemokratische Opfer vernachlässigt und der rassistische Hintergrund der Judenvernichtung weitgehend ausgeblendet wurden. Die Erinnerung an den Widerstand gegen das „Dritte Reich" sei „schon früh zur Legitimation kommunistischer Politik instrumentalisiert (worden), mit der Konsequenz, dass das Bild des Dritten Reiches und des antifaschistischen Widerstandes krass verzeichnet, teilweise sogar durch Fälschungen entstellt wurde" (Roswitha Wisniewski). Vor allem den nachwachsenden Generationen wurde – mit Erfolg – Ehrfurcht vor den Leistungen und Leiden der kommunistischen Widerstandskämpfer eingetrichtert.

Gleichzeitig als Integrationsmittel (nach innen) und Kampfmittel (nach außen) diente der SED-Antifaschismus auch in der ideologischen Auseinandersetzung mit der Bundesrepublik. Das Anprangern des „imperialistisch-faschistischen" Charakters der Bundesrepublik sollte der eigenen Bevölkerung verdeutlichen, dass sie im „besseren" Deutschland lebte. Zugleich sollte er die Bundesrepublik international anprangern. Die westdeutschen Verhältnisse machten es der ostdeutschen Propaganda nicht sonderlich schwer. Tatsächlich stiegen ja ehemalige Nazis bis in hohe Positionen in Politik, Wirtschaft und Gesellschaft auf, tatsächlich gab es zahlreiche ehemalige NS-Richter, die in der Bundesrepublik weiter Recht sprechen durften, und einstige Wehrmachtsoffiziere, die die Bundeswehr oder den Verfassungsschutz mit aufbauten. Niemand hätte das ernsthaft bestritten, darüber wurde immerhin offen diskutiert und es gab viele Kritiker dieser Zustände – wie es in einer freiheitlichen Gesellschaft möglich und wichtig ist. Kritik und Diskussion waren dagegen in der DDR völlig undenkbar. Sie hätten das von der SED gezeichnete Bild des antifaschistischen Staates sofort zerstört, denn wie gesehen, waren die Verhältnisse im Osten keineswegs anders als im Westen. Anders als in der Bundesrepublik, wo bis heute NS-Verbrechen verfolgt werden, wurde die Verfolgung in der DDR nach wenigen Jahren eingestellt – außer, wenn ein Verfahren politisch auszuschlachten war. Die Verhältnisse waren sich, was die Alt-Nazis anging, in West- und Ostdeutschland viel ähnlicher, als landläufig angenommen, so das Fazit des Historikers Olaf Kappelt.

Schließlich war es die Bundesrepublik, die die Versöhnung mit Israel anbahnte und Entschädigungen in Milliardenhöhe zahlte, während die DDR die arabischen Todfeinde des Staates Israel mit Waffenlieferungen unterstützte (siehe Kapitel *Die DDR als selbst ernannter Friedensstaat*). Das alles störte indes die Propagandisten in der DDR ebenso wenig, wie diejenigen in der Bundesrepublik, die ihrer Propaganda Glauben schenkten. In diesem Zusammenhang ist ein nahezu totales Versagen der sich selbst gerne als aufgeklärt und kritisch gebenden linksliberalen Medien in der Bundesrepublik festzuhalten. Gelegentlich ließen sie sich auch vom Ministerium für Staatssicherheit mit belastendem Material zu Politikern spicken. Wenn es nicht für tatsächliche Vorwürfe ausreich-

te, nahm die Stasi auch Fälschungen zur Hilfe, wie im Fall des
Bundespräsidenten Heinrich Lübke in den Sechzigerjahren. Ebenso versandte sie verdeckt antisemitische Drohbriefe an in der Bundesrepublik lebende Juden oder ließ Hakenkreuzschmierereien an
Wände malen, um so der Furcht vor einem aufkeimenden Neona-
tionalsozialismus im Westen Deutschlands Nahrung zu geben.

Bis zum Zusammenbruch der DDR blieb der „Antifaschismus" eine der wichtigsten Legitimationsquellen, deren sich die
SED für die Aufrechterhaltung ihres diktatorischen Regimes bediente. Die breite Masse vertraute der Führung in dieser Frage.
Selbst die in den Achtzigerjahren wachsende Zahl der Regimekri-
tiker wollte vom angeblichen Antifaschismus der DDR nicht ab-
rücken und ihn als eine wesentliche Grundlage ihrer Reformpolitik nutzen. Das gilt auch vor dem Hintergrund, dass die Wirkung
des Antifaschismus als Mittel zur Integration und Legitimation
seit den Siebzigerjahren nachließ und an die erste Stelle nun die
„sozialistischen Errungenschaften" rückten (siehe Kapitel *Soziale
Gerechtigkeit I: Arbeit und Soziales*). Eine gewisse Abnutzung war
durch die formelhafte Ritualisierung, die ständig gleichlautenden
Manifeste und Aufrufe nicht zu übersehen. Gleichwohl mutierte
der Antifaschismus zu einer Art Religion im atheistischen Staat.
Doch schon Marx glaubte, dass Religion „Opium fürs Volk" sei –
genauso verhielt es sich mit dem Antifaschismus der SED: In
Wahrheit war er eine geschickt inszenierte Propagandalüge der
Partei, die dringend einer Legitimation für ihre diktatorische
Herrschaft bedurfte. In diesem Fall wirkte die Droge bei vielen so
lange, bis die Mauer fiel, bei anderen aber wirkt sie bis heute.

4.2 Verleugneter Rechtsextremismus:
Es kann nicht sein, was nicht sein darf

Dass der Rechtsradikalismus in den neuen Ländern stärker ausge-
prägt ist als in den alten, wird heute kaum jemand ernsthaft be-
streiten. Aber wo liegen die Gründe dafür? Die einen, seien es Wis-
senschaftler, Journalisten oder Politiker, verweisen auf die großen

politischen, gesellschaftlichen und sozialen Umbrüche, denen die Menschen in Ostdeutschland nach dem Fall der Mauer ausgesetzt waren. Die anderen sehen die Gründe in einer roten DDR-Diktatur, die der braunen Nazi-Diktatur strukturell und teilweise auch ideologisch nahestand. Beides ist vermutlich richtig. An dieser Stelle steht aber die DDR im Mittelpunkt. Daher wird auch nur der Rechtsextremismus im „antifaschistischen" Staat beleuchtet. Dass es zeitgleich auch in der Bundesrepublik Rechtsextremismus gab, steht außer Frage, ist hier aber nicht das Thema.

✴

Es war kurz vor 22 Uhr am Abend des 17. Oktober 1987, als die Horde von rund 30 Skinheads das Konzert sprengte. Rund 1000 Besucher hatten sich zu dem Auftritt der Westberliner Rockband „Element of Crime" in der Ostberliner Zionskirche im Bezirk Mitte eingefunden. Die Veranstaltung war nicht genehmigt, Volkspolizisten hatten das Gotteshaus umstellt, das schon länger als ein Zentrum des kirchlichen Widerstandes gegen das SED-Regime galt. Wie aus heiterem Himmel stürmten die Rechtsradikalen das Gebäude, prügelten mit Fahrradketten oder Fäusten auf die wehrlosen Besucher ein und verschwanden wieder. Die Angehörigen der Volkspolizei sahen tatenlos zu.

Der Fall machte Schlagzeilen – selbst in der DDR, die sich offiziell als „antifaschistischer" deutscher Staat bezeichnete, in dem rechtsextremes Gedankengut seit Langem ausgemerzt sei. Er war jedoch kein Einzelfall, auch wenn die SED-Führung streng darauf bedacht war, das Bild der DDR als Neonazi-freie Zone aufrechtzuerhalten. Vereinzelt war es zu offenen rechtsextremen Vorfällen bereits seit 1978 gekommen, in der zweiten Hälfte der Achtzigerjahre nahmen sie aber massiv zu. So terrorisierte 1987 monatelang eine Gruppe junger Rechtsradikaler die Stadt Oranienburg bei Berlin. Sie griffen Passanten auf der Straße an und überfielen Gaststätten. Auch hier griff die Volkspolizei erst ein, als sie selbst zu den Angegriffenen zählte. In Halle wurden im Mai 1988 zwei Schwarzafrikaner aus einem fahrenden Zug gestoßen, zwei Monate zuvor war mehrere Nächte der jüdische Friedhof an der Schönhauser Allee in Prenzlauer Berg geschändet worden – zur damaligen Zeit befand sich direkt neben der Anlage eine Polizeistation. Im Fußball kam es in der letzten Zeit der DDR fast an jedem Wochenende zu rechtsradikalen Vorfällen und Beschimpfungen jüdischer Spieler.

Rechtsradikalismus war allerdings kein Phänomen der späten Siebziger- und Achtzigerjahre. Es kam zu fast allen Zeiten zu Vorfällen, die allerdings im Normalfall der Öffentlichkeit verborgen blieben. So kam es über die Jahrzehnte immer wieder zu Schändungen jüdischer Friedhöfe. 1977 musste das Ministerium für Staatssicherheit aber erstmals eine „anhaltende steigende Tendenz der Verbreitung neofaschistischen Gedankenguts unter Teilen jugendlicher Personenkreise" einräumen. Ein Jahr später konnte es mit Zahlen aufwarten. Demnach kam es an den Polytechnischen und Erweiterten Oberschulen sowie an den Betriebsberufsschulen und Kinder- und Jugendsportschulen innerhalb von knapp sieben Monaten zu 600 Fällen, in denen „neofaschistisches Gedankengut" verbreitet wurde. Drei Viertel davon entfielen auf die Polytechnischen Oberschulen, also die 14- bis 16-jährigen Schüler. 1985/86 betraf bereits ein Viertel aller Ermittlungsverfahren wegen staatsfeindlicher Hetze rechtsextremistische Delikte, wie der Historiker Bernd Eisenfeld berichtet.

Ein bevorzugtes Ziel Rechtsextremer war die Nationale Volksarmee (und hier besonders die Fallschirmjäger), in der allein zwischen 1965 und 1980 730 rechtsextremistische Vorfälle aufgedeckt wurden – bei einer vermutlich deutlich höheren Dunkelziffer. Rechtsextreme versuchten auch die „Gesellschaft für Sport und Technik" (GST – eine paramilitärische Vereinigung, siehe Kapitel *Militarisierung der Gesellschaft*) sowie die „Freie Deutsche Jugend", wo sie offenbar Nachwuchs rekrutieren wollten, zu unterwandern.

Die Zahl der als rechtsextrem eingeschätzten Personen belief sich nach einer Einschätzung des DDR-Innenministeriums Anfang 1988 auf 1000. Diese Zahl erscheint klein, aber es ist – ähnlich wie in der Bundesrepublik – von einer Dunkelziffer unbekannter Größe auszugehen.

Besonders Jugendliche und junge Erwachsene gehörten der Szene an. So gab es nach derselben Schätzung in jeder Berufsschulklasse der DDR durchschnittlich zwei bis drei Rechtsextreme, wobei offenbar schon eine Dunkelziffer einberechnet wurde. Das Durchschnittsalter betrug zwischen 16 und 25 Jahren, das Verhältnis von Männern zu Frauen fünf zu eins. Eine Studie des Leipziger „Zentralinstituts für Jugendforschung" attestierte 1987 bis zu 50 Prozent der DDR-Jugendlichen „rechtsradikale Gefühlsstrukturen" und 10 bis 15 Prozent der DDR-Bevölkerung ein „festgefügtes rechtsradikales Denkmuster". Die Zahlen waren aus Sicht der SED-Führung so erschreckend, dass sie nicht veröffentlicht werden durften. Viele der rechten Jugendlichen kamen aus SED-Familien, der Anteil, in denen einer oder beide Elternteile für die Staatssicherheit arbeiteten, war relativ groß. Intellektuellen- und Arbeiterfamilien waren etwa gleich stark vertreten.

Die Rechtsextremisten waren – ähnlich wie es auch sonst in der Jugendkultur üblich ist – in verschiedene Gruppen wie „Faschos" oder „Oi!-Skins" untergliedert. Seit ihrem verstärkten Auftreten zu Beginn der Achtzigerjahre waren sie zunächst eher unpolitisch. Das änderte sich aber im Laufe der Jahre. Gemeinsam war ihnen die Ablehnung sowohl des DDR-Sozialismus wie auch des westdeutschen Parlamentarismus. Sie forderten eine Wiederherstellung des Deutschen Reiches in den Grenzen von 1938. Weiterhin waren sie antiamerikanisch und antisemitisch eingestellt. Es kam zu einer zunehmenden Vernetzung der verschiedenen Gruppen, die lokal auftraten. Ebenso knüpften sie zunehmend Kontakte zu Gesinnungsfreunden in den osteuropäischen Staaten (hier kam es zu einer regen Reisetätigkeit) sowie in die Bundesrepublik und Westberlin. Von hier bekamen sie teilweise auch Material, aber Quellen wie Adolf Hitlers „Mein Kampf" waren Interessierten auch in der DDR illegal zugänglich.

Bis zum verstärkten öffentlichen Auftreten der Neonazis, welches immer häufiger mit massiver Gewaltanwendung gegen Wehrlose einherging, versuchte die Führung das Problem zu vertuschen. Als dies unmöglich wurde, bezeichnete sie die Rechtsextremen als „Rowdys" oder „Punks", in Anlehnung an die westeuropäisch-amerikanische Jugendkultur, die allerdings eindeutig dem linken Spektrum angehörte. Damit wollte sie das Problem wenigstens auf eine unpolitische Schiene abschieben. Allerdings stand ihm die Parteiführung auch hilflos gegenüber, wie schon der Begriff „Punk" für die Neonazis zeigt. Denn ideologisch waren sich beide Gruppen spinnefeind. Gemein war ihnen nur, dass sie mit ihrem Auftreten und ihrem äußeren Erscheinungsbild eine Provokation der Gesellschaft und der SED darstellen wollten. Wissenschaftliche Untersuchungen zum Auftreten, zur Einstellung und zur Motivation der Neonazis wurden unterdrückt, obwohl gerade die Staatssicherheit in den letzten zwei, drei Jahren der DDR durchaus darüber im Bilde war. Das lag nicht zuletzt auch an den Inoffiziellen Mitarbeitern, die sie in der Szene platziert hatte. Sie wurden allerdings nicht eingeschleust, sondern „rekrutiert", indem man aufgeflogene Mitglieder der Szene, denen eine Verurteilung drohte, zur Mitarbeit zwang. Auch sonst bekämpfte man den Rechtsradikalismus mit den üblichen Mitteln wie Überwachung, Telefon- und Postkontrolle.

An die eigentlichen Ursachen des Rechtsextremismus aber ging die SED nicht heran. Sie ignorierte bewusst seine ideologischen Wurzeln. Etwas anderes wäre ihr auch gar nicht möglich gewesen, ohne scharfe Selbstkritik zu üben und eine fundamentale Änderung ihrer Politik herbeizuführen. Denn die Ursachen lagen genau dort. Das galt vor allem für die Art der Beschäftigung mit der nationalsozialistischen Vergangenheit. Den Nationalsozialismus sah die Partei als Fortentwicklung und letzte Stufe des Kapitalismus; verantwortlich für ihn machte sie die „Bourgeoisie", die Großgrundbesitzer und die Industriellen. Die Verführbarkeit der Massen, die große Anhängerschaft Hitlers gerade bei den „kleinen Leuten" unterschlug sie bewusst, denn so konnte sie das Problem für die DDR als erledigt betrachten. Schließlich waren nach ihrer Diktion ja alle Schuldigen im Rahmen der sogenannten antifaschistischen Umwälzung verurteilt und enteignet worden oder in den Westen geflohen. Der verordnete, floskelhafte und heuchlerische Antifaschismus (siehe Kapitel *Die DDR als selbst ernannter Friedensstaat*) führte schließlich bei einem geringen Teil der Bevölkerung mit zunehmender Existenzdauer der DDR zu einer Art rechtsextremen Gegenbewegung. Andererseits konnten sich Neonazis gerade auf die Sekundärtugenden beziehen, die in der offiziellen Politik hochgehalten wurden: Ordnung, Fleiß, Pflichtbewusstsein, Sauberkeit, Pünktlichkeit. Die Ähnlichkeiten zum Nationalsozialismus waren hier ebenso unübersehbar wie beim autoritären Aufbau der gesamten Gesellschaft von oben nach unten. Hinzu kam die Militarisierung der Gesellschaft, die bereits die ganz Kleinen erfasste.

Viele DDR-Bürger, die unter diesen Prämissen erzogen worden waren, empfanden rechtsradikale Jugendliche als nette, fleißige, strebsame Jungs. Diese wurden unverhältnismäßig häufig zu Vertrauensschülern gewählt oder galten als besonders gute Lehrlinge. Übergriffe auf jüdische Friedhöfe beispielsweise wurden oft kleingeredet, Nachsicht war weitverbreitet. Das hängt zweifellos auch damit zusammen, dass es in der DDR-Bevölkerung ebenso eine weitverbreitete Stimmung gegen Minderheiten wie Gastarbeiter aus Kuba oder Vietnam gab wie gegen Polen und andere slawische Völker. Auch die Volkspolizei schaute auffallend häufig weg, was das MfS intern zu Kritik veranlasste.

Als rechtsextremistische Vorfälle in den letzten Jahren der DDR regelrecht zum Alltag gehörten, konnten regionale Zeitungen über Vorfälle in ihrem Gebiet berichten. Rechtsextreme Jugendliche wurden vor Gericht gestellt (wie einige Teilnehmer an dem Überfall auf die Konzertbesucher in der Zionskirche). Auch die systemkritische Bürgerrechtsbewegung beschäftigte sich mit dem Problem. Paradoxerweise ging das MfS gleichzeitig gegen die Neonazis und gegen die Bürgerrechtler vor, die diese bekämpften.

Beim Prozess der Wiedervereinigung spielten die Neonazis in der DDR keine Rolle. Mit der Vereinigung war das Problem aber keineswegs erledigt, wie zahlreiche Anschläge und Vorfälle – in Ost und West – seither bezeugen.

4.3 Juden in der DDR: Erst „Bestien der Menschheit", dann geduldet

Zum Bild einer antifaschistischen DDR gehört heute bei vielen Menschen, dass sie der Ort gewesen sei, an dem es Juden nach den Schrecken des NS-Terrors gut ging. Auch die breite künstlerische Auseinandersetzung mit der Judenvernichtung suggeriert diesen Eindruck. Das Gegenteil ist indes der Fall.

*

Das Verhältnis der DDR zu den dort lebenden Juden war geprägt durch einen kaum zu klärenden Widerspruch: Wurden einerseits jüdische NS-Opfer und die jüdischen Gemeinden finanziell unterstützt, so wurde andererseits organisiertes jüdisches Leben unterdrückt oder nur unter strengen Auflagen und unter Verzicht auf jedes öffentliche Wirken zugelassen. Gedenken an den Massenmord an Juden im Dritten Reich fand in großem Maße im künstlerisch-literarischen Leben statt, aber jegliche Entschädigung enteigneter und geflohener Juden wurde unterbunden und das Verhältnis zum Staat Israel war feindselig. Nicht zu Unrecht wurde daher von einer Schizophrenie der DDR im Verhältnis zu „ihren Juden" gesprochen.

Direkt nach Kriegsende lebten noch 3500 Juden in der Sowjetisch Besetzten Zone. Die Zahl stieg zunächst um 1000 an, ehe sie wieder zurückging. Auch bekannte Schriftsteller wie Anna Seghers, Arnold Zweig, Stefan Heym und Helene Weigel gehörten dazu, allerdings identifizierten sich die Reimmigranten nicht als Juden, sondern als Antifaschisten. In Berlin gründete sich bereits am 15. Juli 1945 wieder eine Gemeinde (die ihre Arbeit allerdings aufgrund interner Streitigkeiten erst ein gutes halbes Jahr später aufnehmen konnte). Dass Juden in den Strudel der sogenannten antifaschistisch-demokratischen Umwälzung geraten konnten, zeigte schon 1947 das Schicksal des ersten Berliner Gemeindevorsitzenden Erich Nelhans, der wegen „Begünstigung sowjetischer Deserteure" verhaftet, zu 15 Jahren Haft verurteilt wurde – und spurlos verschwand.

Anfang der Fünfzigerjahre wurde das Leben für Juden in der DDR so ungemütlich, dass der Rabbiner Nathan Peter Levinsohn seine jüdischen Mitbürger aufforderte, die DDR zu verlassen. Etwa 450 Juden folgten seinem Aufruf. Zu dieser Zeit gab es im gesamten sowjetischen Machtbereich und so auch in der DDR eine Welle des offenen Antisemitismus. Der Prozess gegen den Generalsekretär der Kommunistischen Partei der Tschechoslowakei (KSČ), Rudolf Slansky, der als „trotzkistisch-titoistischer, zionistischer, bürgerlich-nationalistischer Verräter" 1952 zum Tode verurteilt und hingerichtet wurde, war ein typischer stalinistischer Säuberungsprozess. Über die breit aufgemachte, offen antisemitische Berichterstattung im SED-Organ „Neues Deutschland" schrieb der jüdische Schriftsteller Alfred Kantorowicz, der nach dem Krieg vom vermeintlichen „Antifaschismus" der SED in die DDR gelockt worden war, in sein Tagebuch: „Das ist die Sprache Streichers, die Gesinnung Himmlers, die Atmosphäre der Gestapo-Verhöre und der Volksgerichtshof-Verhandlungen unter Freislers Vorsitz, die ‚Moral' der Menschenschlächter von Dachau und Buchenwald, der Vergaser von Auschwitz und Maidanek." Ein krasses Beispiel für den Rückgriff der SED-Führung auf die Sprache der Nazis war auch der wörtliche Abdruck eines Artikels der sowjetischen Parteizeitung „Prawda" im „Neuen Deutschland" über eine angebliche Verschwörung jüdischer Ärzte gegen Stalin. Der Artikel war überschrieben mit der Zeile „Bestien der Menschheit". Nur wenige Jahre nach der Ermordung von 6 Millionen Juden durch Deutsche wurden jüdische Ärzte durch eine deutsche Zeitung in der angeblich antifaschistischen DDR als „Bestien" bezeichnet! Eine Reihe bisher führender kommunistischer jüdischer Funktionäre wurden unter dem Vorwand des „Kosmopolitismus", „Sozialdemokratismus" oder „Objektivismus" abgesetzt und aus der SED ausgeschlossen. Jüdische Bürger wurden verstärkt überwacht und kontrolliert.

Zu einer Rückgabe enteigneten und „arisierten" jüdischen Besitzes kam es nicht. Hier musste die Parteiführung mit einem peinlichen Widerspruch zurechtkommen. Einerseits war nach ihrem antifaschistischen Grundverständnis die „Arisierung" jüdischen

Eigentums durch die NS-Behörden natürlich Unrecht gewesen. Andererseits wäre es kontraproduktiv gewesen, Juden ihren Besitz zurückzugeben, während zugleich in Wirtschaft und Landwirtschaft Enteignungen und Kollektivierung in großem Maße abliefen. Die Entscheidung der SED-Führung war aber eindeutig: Enteignete jüdische Unternehmer galten ihr als Kapitalisten und Feinde des Sozialismus. Nationalsozialistische Arisierungsgewinne wurden somit in sozialistisches „Volkseigentum" überführt. Paul Merker, Staatssekretär im Landwirtschaftsministerium, sah sich 1950 dem Vorwurf ausgesetzt, er habe sich für die „Finanzierung der Auswanderung jüdischer Kapitalisten nach Israel" stark gemacht. Er habe zudem im Zusammenhang mit der Wiedergutmachung „die aus den deutschen und ausländischen Arbeitern herausgepressten Maximalprofite der Monopolkapitalisten in angebliches Eigentum des jüdischen Volkes" umgefälscht. Zu Recht kommt daher der Historiker Peter Maser zu dem Ergebnis: „Im Kampf gegen ‚Trotzkisten, Zionisten, Freimaurer' verwandte die SED-Führung nicht nur die Methoden der Nationalsozialisten, sondern auch deren Vokabular, wenn sie z. B. ungeniert von ‚Volksschädlingen' sprach, gegen die es den Kampf aufzunehmen gälte."

Als Widerstandskämpfer wurden Juden nicht anerkannt, sie galten demgegenüber als „Opfer des Faschismus". Das brachte ihnen zwar eine Sonderrente ein, die aber geringer ausfiel als die der Widerstandskämpfer (worunter fast ausschließlich die kommunistischen NS-Gegner verstanden wurden). Auch eine Wiedergutmachung gegenüber dem Staat Israel gab es nicht. Das war nach SED-Auffassung Aufgabe der Bundesrepublik, wo sich ja angeblich alle ehemaligen Nationalsozialisten angesiedelt und etabliert hatten.

Bis in die letzte Zeit der DDR wurde das Leben der jüdischen Gemeinden unterdrückt. Ihr Nachrichtenblatt durfte nur intern verteilt werden, religiöse Literatur gab es zu keiner Zeit und wissenschaftliche Werke über den Holocaust wurden erst seit den Siebzigerjahren – und dann auch nur begrenzt und ideologisch überwacht – zugelassen. Das hatte auch mit dem feindseligen

Verhältnis der DDR (wie aller Staaten des Warschauer Pakts) zu Israel und dem Zionismus zu tun. Das Land galt den SED-Ideologen als Interessenvertreter des „imperialistischen" Westens. Die DDR-Regierung finanzierte ihre eigene Diktatur auch durch den Verkauf von Waffen an die arabischen Gegner Israels, deren Ziel es war, Israel zu vernichten.

Erst kurz vor dem Zusammenbruch der DDR änderte Staats- und Parteichef Erich Honecker seine Strategie. 1988, zum 50-jährigen Gedenken an die Reichspogromnacht, ließ er eine ganze Flut von Gedenkveranstaltungen inszenieren (in der Bevölkerung machte das Wort „Epidemie" diesbezüglich die Runde). Sein Ziel war jedoch nicht die ehrliche Aussöhnung mit den jüdischen Bürgern in der DDR. Honecker hoffte, in den USA zu einem Staatsbesuch empfangen zu werden, und glaubte, seine Chancen durch ein besseres Verhältnis zu den Juden im eigenen Land zu vergrößern. Das machte einmal mehr die Instrumentalisierung des Gedenkens an den Holocaust deutlich. Es blieb Aufgabe der freigewählten Volkskammer, sich für den jahrzehntelangen zynischen Missbrauch der Katastrophe, die den Juden in deutschem Namen widerfahren war, im April 1990 bei Israel und den jüdischen DDR-Bürgern zu entschuldigen, als sie erklärte: „Wir bitten das Volk Israel um Verzeihung für Heuchelei und Feindseligkeit der offiziellen DDR-Propaganda gegenüber dem Staat Israel und für die Verfolgung und Entwürdigung jüdischer Mitbürger auch nach 1945 in unserem Land."

4.4 Die Militarisierung der Gesellschaft: (Gescheiterte) Erziehung zum Hass

Wie geheuchelt der offizielle Antifaschismus der SED-Führung war, macht auch die umfassende Militarisierung der Gesellschaft deutlich. Die DDR gehörte zu den am stärksten militarisierten Gesellschaften weltweit. Fast 10 Prozent der erwerbstätigen Bevölkerung, also rund 750.000 Menschen, waren haupt- oder nebenberuflich, freiwillig oder dienstverpflichtet in einer der militärischen oder pa-

*ramilitärischen Organisationen oder bei den Schutz- und Sicher-
heitskräften der Landesverteidigung organisiert. Dieser Aspekt spielt
heute in vielen Diskussionen über die DDR keine Rolle mehr. Das ist
erstaunlich, durchzog er doch einst den Alltag vieler DDR-Bürger.*

*

Für den Grad der Militarisierung einer Gesellschaft gelten neben
der hohen Zahl militärisch erfasster Personen fünf Punkte als aus-
schlaggebend: 1. das Ausmaß der Vernetzung militärischer und
paramilitärischer Organisationen, 2. die Einbindung möglichst
großer Teile der Bevölkerung, um sie zu disziplinieren und sozial
zu kontrollieren, 3. die Hierarchisierung der Gesellschaft, 4. die
militärische Indoktrinierung der Bevölkerung und 5. die Pflege
militärischer Formen und Rituale. Alle diese Punkte trafen auf die
DDR in hohem Maße zu. Die Militarisierung sollte alle Lebensbereiche erfassen. So hieß es im DDR-Verteidigungsgesetz von 1978:
„Alle staatlichen und wirtschaftsleitenden Organe, Kombinate,
Betriebe, Einrichtungen, Genossenschaften, gesellschaftlichen Organisationen und Vereinigungen haben die ihnen von den zuständigen Organen übertragenen Verteidigungsaufgaben vorzubereiten und durchzuführen." Im selben Sinne sprach Staatschef Erich
Honecker anlässlich eines Truppenbesuches davon, dass es keinen
Bereich des gesellschaftlichen Lebens gebe, der nicht von den Be-
langen der Landesverteidigung durchdrungen sei.

In militärischen ebenso wie in Fragen der Erhöhung der
Wehrbereitschaft in der Bevölkerung unterwarf sich die SED-
Führung vollkommen der Oberherrschaft Moskaus. Die militärische Ausrichtung war bis 1987 aggressiv, das heißt, die Planungen
gingen von einer Situation des Angriffs und vom Überschreiten
der deutsch-deutschen Grenze aus. Das bedeutet allerdings nicht,
dass die DDR-Führung auf einen Krieg spekulierte; das tat sie zu
keiner Zeit. Offiziell wurde die militärische und paramilitärische
Erfassung der Gesellschaft mit dem „aggressiven Imperialismus"
des Westens gerechtfertigt. Innerhalb der SED-Führung führte
die eigene ständige Indoktrinierung zu einer völlig überspannten
Bedrohungsanalyse.

Die militärische Erfassung begann bereits mit der Wehrkundeerziehung der Kinder und Jugendlichen. Ziel war einerseits die politisch-ideologische Beeinflussung, andererseits die Rekrutierung von Nachwuchs für die Nationale Volksarmee (NVA). Die Wehrerziehung setzte schon bei den ganz Kleinen im Kindergarten an: Schon für die Drei- bis Sechsjährigen waren Besuche in NVA-Kasernen vorgesehen. Ihnen sollte ein klares Freund-Feind-Denken eingeimpft werden, wobei auf der guten Seite die „große Sowjetunion" und ihre sozialistischen Freunde standen, auf der anderen die „Ausbeuter und Faschisten", zum Beispiel in der Bundesrepublik. Erzieherinnen sollten ihre Zöglinge ausdrücklich dazu anhalten, im kindertypischen Rollenspiel Situationen aus dem Bereich der „bewaffneten Organe", also NVA, Volkspolizei etc. nachzuspielen. Inwieweit die Erzieherinnen dieser Aufgabe nachkamen, blieb in der Realität in einem bestimmten Maße sicher ihnen selbst überlassen.

Auch in den ersten Schuljahren wurden Begegnungen mit NVA-Vertretern organisiert, „kindgemäße" Wehrpropaganda sollte auf den späteren Wehrkundeunterricht vorbereiten. Ab der ersten Klasse wurden den Schülern im Sportunterricht einfache militärische Kenntnisse und Fähigkeiten im Geländespiel vermittelt. In der fünften und sechsten Klasse wurden ebenfalls im Sportunterricht militärische Ordnungsformen eingeübt. Im Geschichtsbeziehungsweise Staatsbürgerkundeunterricht stand wehrpolitische Arbeit und im Geografieunterricht das Lesen und Zeichnen von militärischen Karten auf dem Lehrplan. Wehrkunde wurde schließlich in der neunten und zehnten Klasse unterrichtet. Unter der offiziellen Bezeichnung „Stunden zu Fragen der sozialistischen Landesverteidigung" gab es im Klassenverband jeweils vier Doppelstunden. Die Schüler trugen das Hemd der FDJ, die Lehrer Uniform. Die Stunden begannen mit einer militärisch gestalteten Meldung. Zensuren wurden nicht erteilt, allerdings gab es Beurteilungen der Schüler durch die Lehrer im Kollegium.

Seit 1977 wurden für ausgewählte Schüler Wehrausbildungslager durchgeführt. War die Teilnehmerzahl zunächst begrenzt, so sollten ab 1982 möglichst breite Schülerkreise teilnehmen und so

für einen militärischen Beruf interessiert werden. Die Auswahl
nahmen die Klassenlehrer vor, es passierte nicht selten, dass diese
mehr oder weniger alle männlichen Schüler ihrer Klasse anmelde-
ten, um so bei der SED gut dazustehen. Der Tagesablauf der 14-
tägigen Lager orientierte sich an den Dienstplänen der NVA. Zur
Ausbildung gehörte auch eine Schießausbildung mit der Kleinka-
liber-Maschinenpistole und scharfer Munition. Am Ende der
zehnten Klasse fand im Rahmen der „Woche der Waffenbrüderschaft" ein militärisches Großgeländespiel statt. Mit der Durchführung waren immense Kosten verbunden: Ein Lager mit Schülern aus dem Berliner Bezirk Prenzlauer Berg kostete in den Achtzigerjahren bis zu 120.000 Mark. Das war fast das Sechsfache
dessen, was eine Polytechnische Oberschule (POS) pro Jahr für
die Ausstattung mit Lehrmitteln und Spielzeug zur Verfügung
hatte. Für Jungen, die nicht an den Wehrlagern teilnahmen und
die Schülerinnen, standen zeitgleich Lehrgänge für Zivilverteidigung auf dem Programm. Die Ausbildung umfasste 72 Unter-
richtsstunden, die Teilnehmer trugen Uniformen. Auf kritische
Eltern wurde ein verdeckter Druck ausgeübt, indem ihnen beispielsweise angedroht wurde, die Nichtteilnahme ihrer Kinder in
verklausulierter Form ins Zeugnis aufzunehmen. Das hätte negative Konsequenzen bei der Berufswahl haben können. Ausdrückli-
che Vermerke über eine Weigerung, an den Lehrgängen oder Lagern teilzunehmen, gab es nicht. Neben den schulischen Aktivitäten gab es auch noch außerschulische Arbeitsgemeinschaften, die
systematisch die Wehrbereitschaft und -fähigkeit schulen sollten.
1982 gab es DDR-weit immerhin 9000 solcher Arbeitsgemeinschaften. Kinder und Jugendliche von 6 bis 14 Jahren, die in der
Pionierorganisation Mitglied waren, wurden auch in ihrer Freizeit
in spielerischer Form an das Thema Wehrerziehung herange-
führt. Zum Beispiel wurden in Geländespielen und anhand des
Modellbaus militärische Grundkenntnisse vermittelt. Zudem gab
es Wettbewerbe im Schießen und Keulenzielwurf (als Ersatz für
Handgranaten) sowie im Karten- und Kompasslesen. Ähnliches
galt für die FDJ. Bei den Hans-Beimler-Wettkämpfen gab es Wettbewerbe unter anderem im Luftgewehrschießen und im Hand-

granatenzielwurf. Bei einem 10 Kilometer langen „Marsch der Bewährung" wurden Tarnung und Geländeorientierung geübt.

In der elften und zwölften Klasse wurden schließlich „Grundlagen der Militärpolitik" vermittelt. Schüler waren ebenso wie die gleichaltrigen Jugendlichen, die nach der POS von der Schule abgegangen und eine berufliche Ausbildung begonnen hatten, zur Teilnahme an der vormilitärischen Ausbildung, die von der Gesellschaft für Sport und Technik (GST) durchgeführt wurde, verpflichtet. Während des Studiums nahmen die Studierenden an Vorlesungen zur Militärpolitik und am Wehrsport teil, die männlichen Studenten in der Regel an der militärischen Qualifizierung, zu der auch ein einmaliges, fünfwöchiges Lager gehörte. Allein zwischen 1963 und dem Ende der Siebzigerjahre nahmen 200.000 Studenten an der Ausbildung teil. Die Studentinnen absolvierten eine Ausbildung in Zivilverteidigung.

Eine große Zahl Jugendlicher wurde auch durch die GST erfasst. Das Ziel dieser 1952 gegründeten Organisation war es, durch eine vormilitärische Ausbildung die Wehrbereitschaft der jungen DDR-Bürger zu erhöhen. Der damalige Vorsitzende des Zentralrates der FDJ, Erich Honecker, nannte als Stoßrichtung, „im Interesse der Erhöhung der Kampfbereitschaft für den Frieden" die Jugend auf die Verteidigung der Heimat vorzubereiten. Weil sie Proteste aus dem westlichen Ausland und der eigenen Bevölkerung befürchtete, wählte die SED-Führung einen zivil klingenden Namen und stellte den sportlichen Charakter der GST zunächst in den Vordergrund. Den Jugendlichen wurden Angebote im Automobil- und Motorradsport gemacht, sie wurden mit Schießsportübungen am Kleinkalibergewehr, Segelflug- und Fallschirmsprunglehrgängen gelockt. Erfreuten sich diese Aktivitäten durchaus eines beträchtlichen Zulaufs, so war das Interesse an den rein militärischen Bestandteilen des Angebots wie Exerzierübungen während der gesamten Zeit, in der die GST bis 1990 existierte, eher gering.

Ab Mitte der Fünfzigerjahre rückte der militärische Aspekt deutlicher in den Vordergrund. In einem Beschluss des Politbüros vom Januar des Jahres wurden die Aufgaben der GST festgelegt.

Ziel war demnach die vormilitärische Ausbildung der jugendlichen Arbeiter und werktätigen Bauern sowie der Söhne der fortschrittlichen Intelligenz, um sie für den Dienst in der Kasernierten Volkspolizei (KVP, der Vorgängerin der NVA) vorzubereiten.
Alle Arbeiter und Bauern sollten befähigt werden, die Heimat zu
verteidigen; sie sollten schließlich zum Hass gegen die „Kriegstrei-
ber und Feinde der DDR" erzogen werden und die Notwendigkeit, die Heimat zu verteidigen, erkennen. Während zunächst alle
Arbeiter und Bauern im Alter von 20 bis 50 Jahren allgemein vor-
militärisch und dazu an allen Hand- und automatischen Waffen
ausgebildet werden sollten, blieben Angehörige des gewerblichen
Mittelstandes und anderer Schichten außen vor. Bei ihnen vermu-
tete man eine gegnerische Haltung zu den Aufgaben der GST.

Gegliedert war die GST in Gruppen, Züge und Hundertschaften. Es entstand ein Netz von Ausbildungsstätten für die Schu-
lung der Jugendlichen. Die GST mutierte dabei immer mehr zu
einer Rekrutierungsstelle von Interessenten für die NVA. Das
Problem blieb indes, dass die Jugendlichen sich nach wie vor
wohl für die sportliche und technische Ausbildung interessierten,
aber weniger für die militärische und politische. Diese zweijähri-
ge vormilitärische Grundausbildung begann mit dem 14. Lebensjahr und gliederte sich in den Sechzigerjahren in drei Ab-
schnitte mit einer Stundenzahl zwischen 60 und 72 Stunden. Sie
beinhaltete Exerzier-, Gelände-, Pionier-, Schieß-, Schutz- und
KFZ-Ausbildung sowie Schwimmen, Sport, Topografie und Erste
Hilfe. Die Teilnahme war freiwillig. Aufgrund der für die SED-
Führung enttäuschenden Teilnehmerzahlen klagten Führungs-
kader über einen Mangel an „patriotischer Erziehung" der Jugendlichen. Von 1964 bis 1967 nahmen knapp 1,3 Millionen Jugendliche an der vormilitärischen Ausbildung teil, aber nur 45
Prozent erwarben dabei das „Abzeichen für gute vormilitärische
und technische Kenntnisse". In der Bevölkerung, vornehmlich in
Kirchenkreisen, kam es hin und wieder zu Protesten gegen diese
Art der Ausbildung – zum Beispiel 1964, als Schüler der neunten
und zehnten Klasse an Handfeuerwaffen und im Umgang mit
chemischen Kampfstoffen unterwiesen wurden.

Ab Ende der Sechzigerjahre wurde die GST eindeutig zu einer paramilitärischen Organisation ausgebaut (wozu in den Siebzigerjahren auch ein deutlicher Ausbau der Ausbildungsstätten gehörte). Die Jugendlichen sollten nun „klassenbewusste", „selbstständig handelnde" und „gestählte Kämpfer" der NVA werden. Auch ideologisch sollten sie beeinflusst werden, indem ihnen festes Vertrauen zur SED, Treue zur DDR, Freundschaft und Waffenbrüderschaft mit der Sowjetunion und deren Streitkräften sowie Hass und Verachtung gegenüber dem „Klassenfeind" eingeimpft wurden. Die GST galt der Partei jetzt als „Schule für die Soldaten von morgen". Die Zusammenarbeit mit der NVA, die bisher teilweise schleppend und problematisch war, wurde intensiviert. 1980 zählte die GST 557.346 Mitglieder, in den zwölf Jahren zuvor hatten insgesamt 3,2 Millionen Jugendliche an der vormilitärischen Ausbildung teilgenommen, von denen keineswegs alle auch Mitglieder waren. Neben dem Interesse an Technik und teilweise dem militärischen Beruf, machte inzwischen ein „nicht unerheblicher Teil aus Überzeugung" mit (Paul Heider). Auf die eher skeptischen Jugendlichen wurde dagegen zum Teil von den eigenen Eltern, der FDJ oder der Schule Druck ausgeübt. Die Teilnahme war nach wie vor freiwillig, aber in den 11. Klassen der Erweiterten Oberschule (EOS) und an den Berufsschulen mehr oder weniger obligatorisch. Wie gesehen, war in dieser Altersgruppe die vormilitärische Bestandteil der allgemeinen Ausbildung.

Am 30. September 1989 hatte die GST immerhin 643.581 Mitglieder und war damit tief in der Gesellschaft verankert. Seit Mitte der Achtzigerjahre war allerdings die Kritik in der Bevölkerung an ihrer wehrpolitischen Aufgabe im Zuge der allgemein wachsenden Unzufriedenheit mit dem SED-Regime kontinuierlich gewachsen. Drei Monate nach dem Fall der Mauer, am 14. Februar 1990, wurde sie aufgelöst.

Etwa drei Monate später kam mit der Demobilisierung auch für die „Kampfgruppen" der Arbeiter das Ende. Bis Mitte der Achtzigerjahre war diese paramilitärische Organisation auf knapp 210.000 Mitglieder angewachsen. Gegründet worden war sie gewissermaßen als Parteimiliz der SED nach dem Juni-Aufstand von 1953. Ihre damalige Aufgabe sollten zunächst die Sicherung von Betrieben und Industrieanlagen gegen mögliche weitere „konterrevolutionäre" Aufstände und für den Fall des Eindringens eines äußeren Feindes sein. Die Mitgliedschaft war freiwillig, wurde jedoch von der SED natürlich gerne gesehen und gefördert. Die Mitglieder wurden regelmäßig nach einer jährlich festgesetzten Stundenzahl geschult. Dazu gehörte von Beginn auch die Schießausbildung am Kleinkalibergewehr. Auch bei den Kampfgruppen wurden die Mitglieder ideologisch-politisch geschult und zum Hass auf den „Klassenfeind" ausgerichtet. Propagiert wurden „Hass, Härte gegen den Imperialismus, unbedingter Siegeswille zur Vernichtung des Feindes".

Zunächst gab es Probleme mit der Bewaffnung und der motorisierten Ausrüstung, doch als die Kampfgruppen ab den Siebzigerjahren praktisch in die Landesverteidigung integriert wurden, waren sie weitgehend gelöst. 1976 betrug die Bewaffnung mit Flugabwehrraketen (Flak), schwerem Panzergeschütz, 76-mm-Kanonen und Granatwerfern ebenso 100 Prozent wie die Ausstattung mit Pistolen und Maschinenpistolen als Standard-Handfeuerwaffen. 1980 konnten die Kampfgruppen nach einer Bilanz des Nationalen Verteidigungsrates selbstständig und im Zusammenwirken mit anderen bewaffneten Kräften Aufgaben zur Verteidigung von Objekten auf dem Territorium der DDR, zur Gewährleistung der Operationsfreiheit der Vereinten Streitkräfte der Warschauer-Pakt-Staaten und zur Sicherung der Mobilmachung der NVA erfüllen.

Aufgegliedert waren die Kampfgruppen in Hundertschaften, die Aufteilung erfolgte nach regionalen Verwendungszwecken. Angehörige der Kampfgruppen durften ursprünglich nur SED-Mitglieder sein. Da die anvisierte Sollstärke von 300.000 Mann nie auch nur annähernd erreicht wurde, wurden die Kampfgruppen später auch für als systemkonform geltende Mitglieder der Blockparteien geöffnet. Seit 1982 wurden auch Frauen in die Verbände aufgenommen. Ihr Anteil erreichte allerdings nur 1 Prozent. Die SED-Propaganda versuchte die Aufnahme von Frauen mit deren angeblichen Wunsch nach Gleichberechtigung zu begründen.

Doch das war eine Legende, an die schon damals viele DDR-Bürger nicht glaubten. Tatsächlich waren alle militärischen Berufe und Organisationen in weiten Bevölkerungskreisen unbeliebt. Das galt auch und wohl in besonderem Maße für die Kampfgruppen als direktes bewaffnetes Instrument der SED. In den Achtzigerjahren kam es unter dem Eindruck der wachsenden Oppositionsbewegung zu einer gewissen Rückbesinnung der Kampfgruppen auf den Kampf gegen die „Konterrevolution" von innen. Im Herbst 1989 aber, als die SED-Herrschaft sang- und klanglos unterging, spielte die Parteimiliz praktisch keine Rolle. Es zeigte sich, dass selbst in ihren Reihen die Unzufriedenheit mit den wirtschaftlichen und gesellschaftlichen Zuständen sehr groß war.

4.5 Die DDR als selbst ernannter Friedensstaat

Auch für die Außenpolitik der DDR spielte der „Antifaschismus" eine wichtige Rolle. Hier der „antifaschistische", sozialistische, bessere deutsche Staat – dort die „faschistische" und „imperialistische" Bundesrepublik – so versuchte die SED-Führung neutrale Staaten und Länder der Dritten Welt, die eigene Bevölkerung und linke Kreise in den westlichen Staaten für sich einzunehmen.

*

Was „antifaschistische" Außenpolitik wirklich bedeutete, zeigte sich erstmals während des sogenannten Prager Frühlings. Als die kommunistische Führung der Tschechoslowakei unter Alexander Dubček seit Anfang 1968 einen „Sozialismus mit menschlichem Antlitz" einführen wollte, der begrenzte Meinungsfreiheit und marktwirtschaftliche Elemente beinhaltete, löste das in den Staaten des Warschauer Pakts Alarm aus. Dieses Militärbündnis, in dem sozialistische Länder wie Polen, Ungarn, Bulgarien und die DDR vertreten waren und das der Gegenpol zur westlichen NATO war, stand unter absoluter Führung der Sowjetunion. Die Führungseliten dieser Länder waren durch die Entwicklung in der ČSSR, die ebenfalls Bündnismitglied war, zutiefst besorgt, weil sie dadurch ihren Herrschaftsanspruch infrage gestellt sahen. Vor allem die SED-Führung forderte ein Einschreiten. Am 21. August war es soweit – Truppen der Warschauer-Pakt-Staaten marschierten unter dem zynischen Begriff der „sozialistischen Bruderhilfe" in das kleine mitteleuropäische Land ein und besetzten es. Entgegen vorherigen Ankündigungen nahmen Truppen der Nationalen Volksarmee nicht unmittelbar teil. Sie mussten – sehr zum Verdruss der Ostberliner Führung – auf Geheiß Moskaus an der Grenze der beiden Länder stoppen und beschränkten sich auf logistische Unterstützung der Interventionstruppen. Gleichwohl ließ das Politbüro bis zum Ende der DDR die Legende verbreiten, die NVA habe erfolgreich an der militärischen Operation teilgenommen.

„Antifaschistische" Außenpolitik hatte also nach dem ausdrücklichen Ziel der SED-Führung beinhaltet, dass deutsche Soldaten 30 Jahre nach dem Münchner Abkommen, mit dem das nationalsozialistische Deutschland die Zerschlagung der damaligen „Tschechei" eingeleitet hatte, und 23 Jahre nach dem Ende des Zweiten Weltkrieges sowie der deutschen Besetzung des Landes wieder in Prag und andere Städte einmarschiert wären.

Aufgrund des militärischen Drucks beendete die tschechoslowakische Führung rasch ihren Reformversuch. Ostberlin war der schärfste Antreiber dagegen gewesen. Wegen der ähnlichen wirtschaftlichen Struktur beider Länder und der engen Kontakte der Prager Reformkräfte zur westdeutschen SPD befürchtete Ostberlin noch stärker als Warschau oder Budapest ein Übergreifen auf den eigenen „Arbeiter- und Bauernstaat". Hermann Axen, ehemals Sekretär des Zentralkomitees der SED für Internationale Beziehungen, bezeichnete den Prager Frühling noch 1996 als einen „der größten Anschläge auf den Sozialismus". Das Ministerium für Staatssicherheit war nicht nur in den eigenen Grenzen gegen Reformsympathisanten vorgegangen, sondern hatte auch im Nachbarland systematisch die Einstellung vor allem der Mitglieder der Kommunistischen Partei ausspioniert. Ärgerlich war, dass unter den Reformanhängern im eigenen Land besonders viele junge Arbeiter waren.

Auch zwölf Jahre später hätte die SED-Führung unter Erich Honecker keine Hemmungen gehabt, Truppen der NVA ins Nachbarland Polen – eines der von der deutschen Wehrmacht zwischen 1939 und 1945 am stärksten heimgesuchten und verwüsteten Länder – zu schicken. Auch in Polen machten sich Freiheitsbestrebungen breit. Die unabhängige Gewerkschaft Solidarność wuchs nach ihrer offiziellen Zulassung binnen kurzer Zeit auf fast 10 Millionen Mitglieder an. Eine ihrer wesentlichsten Forderungen – das Recht auf Streik – sah die SED-Führung als besondere Herausforderung an, denn nach ihrer Auffassung konnte ja niemand die Interessen der Arbeiter besser vertreten als die Partei selbst. Wie schon 1968 befürchtete sie auch diesmal ein Übergreifen der Proteste und der Reformbewegung auf die DDR. Deshalb forderte sie auch diesmal wieder ein Eingreifen der „sozialistischen Bruderländer". Als die Situation in den Augen der sowjetischen Führung zu eskalieren drohte, begannen die Vorbereitungen für eine „gemeinsame Ausbildungsmaßnahme" der Staaten des Warschauer Pakts. Darunter war nichts anderes als eine erneute militärische Intervention zu verstehen. Auf Befehl des Verteidigungsministers wurden am 7. Dezember 1980 Teile der NVA in Bereitschaft versetzt, um an der „Übung" auf polnischem Gebiet teilzunehmen. Doch die militärische Intervention wurde letztlich auf Geheiß Moskaus ausgesetzt. Der neue polnische Staatschef, General Wojciech Jaruzelski, hatte am 13. Dezember in Polen das Kriegsrecht verhängt und damit die Krise vorerst entschärft. Drei Tage später sandte ihm Honecker „brüderliche Kampfesgrüße" und bot ihm an, „Unterstützung zu leisten bei bestimmter Technik, die bei Straßenkämpfen, Barrikadenkämpfen, Bauten usw. erforderlich sind …" Jaruzelski könne sich „auf die Deutsche Demokratische Republik und ihre Nationale Volksarmee in jeder Beziehung verlassen".

Zum offiziellen „Antifaschismus" und zur Selbstbezeichnung als „Friedensstaat" passten auch andere Elemente der DDR-Außenpolitik nicht. Während beispielsweise die Bundesrepublik die Aussöhnung mit den Juden und dem Staat Israel suchte, verfolgte die DDR einen scharf antiisraelischen und pro-palästinensischen

Kurs. Sie unterstützte die arabischen Todfeinde des jungen Landes politisch und mit Waffenlieferungen. Ostberlin förderte auch sozialistische „Befreiungsorganisationen" in der Dritten Welt, deren Ziel es oft war, ein herrschendes Regime durch ein anderes, sozialistisch orientiertes, zu ersetzen – das dann allerdings eng mit dem Ostblock zusammen arbeiten würde.

Über die gesamten 40 Jahre war die DDR auf Gedeih und Verderb an die Sowjetunion gebunden und gehörte zum sozialistischen Block, was auch ihre Außenpolitik völlig bestimmte. Sie war ein Satellitenstaat und eine „Kolonie" Moskaus (Peter Eckert). Gleichwohl schwankte der Grad der Abhängigkeit. Anfang der Achtzigerjahre, als es infolge der sowjetischen Invasion in Afghanistan, der Rüstungspläne Moskaus rund um die einseitige Aufstellung von SS-20-Raketen und des daraufhin erfolgten NATO-Doppelbeschlusses zu einer schwerwiegenden Beeinträchtigung der amerikanisch-sowjetischen Beziehungen kam, bemühte sich Ostberlin nicht ohne einen begrenzten Erfolg, den Gesprächsfaden zwischen beiden Seiten nicht abreißen zu lassen. Als aber mit Michail Gorbatschow ab Mitte des Jahrzehnts unter den Stichworten „Glasnost" und „Perestroika" auch in der sowjetischen Außenpolitik Reformen einsetzten, verharrte das SED-Politbüro in seinem althergebrachten Dogmatismus und verlor zusehends den Anschluss an die Entwicklung im eigenen Lager.

Auch die Militärdoktrin wirkte keineswegs wie die eines „Friedensstaates". Krieg war für die SED-Führung in Anlehnung an Lenin ein Kampf zwischen Klassen und Staaten zur Durchsetzung politischer Ziele und ökonomischer Interessen von Klassen. Außenpolitik war demnach keine Außenpolitik im klassischen Sinne mehr, sondern Klassenkampf. Krieg konnte nach dieser Lesart erst in einer weltweiten klassenlosen Gesellschaft überwunden werden, weil es dann ja keine Klassen mit unterschiedlichen Interessen mehr geben würde. Bis dahin freilich müsse der Friede bewaffnet sein, wozu es ein überlegenes sozialistisches Staatenlager brauche. Krieg aber schien – ebenfalls nach Lenin – irgendwann unvermeidlich, denn die „imperialistischen" Staaten würden untereinander welche führen und die sozialistischen mit hineinreißen. So entstand die Doktrin von den „aggressiven imperialistischen" Staaten des Westens und den „friedliebenden sozialistischen" Staaten. Das System der „friedlichen Koexistenz" zwischen beiden Seiten, nach dem es einen friedlichen Wettbewerb zwischen Kapitalismus und Sozialismus geben sollte, ohne dass die Widersprüche aufgehoben würden, konnte damit letztlich nur eine Überbrückung bis zum Ausbruch des unvermeidlichen Krieges sein. Ihren weltrevolutionären Anspruch mit der globalen Durchsetzung der „Diktatur des Proletariats" gaben die Sowjetunion und ihre Satellitenstaaten wie die DDR bis in die zweite Hälfte der Achtzigerjahre nicht auf. In einem gewissen logischen Widerspruch zur Theorie, dass Kriege nur von den „imperialistischen" Staaten ausgehen würden, stand die These einer Unterscheidung zwischen „gerechten" und „ungerechten" Kriegen. „Gerecht" waren demnach solche feindlichen Auseinandersetzungen, in denen sich die internationale Arbeiterklasse gegen Bedrohungen zur Wehr setzte, ebenso wie Aufstände nationaler „Befreiungsbewegungen" mit sozialistischem Charakter (die nach einem Sieg die Bevölkerung oftmals noch brutaler unterdrückten und ausbeuteten als das beseitigte Regime es zuvor getan hatte).

Zur Denkweise der SED-Führung wie des gesamten Warschauer Pakts gehörte auch die Theorie, dass Angriff die beste Verteidigung sei. Ausgehend von den Erfahrungen der Sowjetunion im Zweiten Weltkrieg, als die deutsche Wehrmacht tief in ihr Gebiet eingedrungen war, verfolgte man eine aggressive Angriffsdoktrin, nach der Kampfhandlungen möglichst auf dem Gebiet des Feindes ausgetragen werden sollten. Dazu zählten – und zwar an vorderster Front – Westberlin und die Bundesrepublik.

Glossar häufig verwendeter Begriffe

Betriebskampfgruppen der Arbeiterschaft

Die Kampfgruppen der Arbeiterschaft wurden Anfang der Fünfzigerjahre in zahlreichen Betrieben der DDR gegründet und kamen unter anderem 1961 beim Bau der Berliner Mauer zum Einsatz. Sie galten als Parteimiliz der SED und sollten die Nationale Volksarmee und die Volkspolizei im Fall eines Krieges beziehungsweise innerer Unruhen unterstützen. Ihre Gesamtstärke erreichte rund 200.000 Mitglieder. Sie waren militärisch ausgerüstet. 1990 wurden die Kampfgruppen entwaffnet und aufgelöst.

Gesellschaft für Sport und Technik (GST)

Die Gesellschaft für Sport und Technik (GST) war eine paramilitärische Organisation, die sich vor allem an Jugendliche richtete. Sie wurde Anfang der Fünfzigerjahre gegründet und arbeitete im Laufe der Jahrzehnte immer enger mit der Nationalen Volksarmee zusammen. Jugendliche konnten als Mitglieder sowohl sportliche wie auch militärische Fähigkeiten bis hin zur Benutzung von Schusswaffen erlernen. Ende der Achtzigerjahre hatte die GST rund 689.000 Mitglieder, die in 9800 Sektionen unterteilt waren. Sie führte auch den gesetzlich vorgeschriebenen Wehrkundeunterricht an den Schulen durch.

Inoffizielle Mitarbeiter (IM)

Inoffizielle Mitarbeiter (IM) des Ministeriums für Staatssicherheit (MfS) wurden auf Personen in ihrem Umfeld – Ehepartner, Verwandte, Freunde, Kollegen – angesetzt, um sie gezielt auszuspionieren. Sie wurden vom MfS angeworben und arbeiteten in

den meisten Fällen freiwillig. Als Folge ihrer konspirativen Tätigkeit kamen zahlreiche tatsächliche oder vermeintliche Gegner
des SED-Regimes ins Gefängnis, verloren ihren Arbeitsplatz oder
wurden Opfer moralischer „Zersetzung", zu welchem Zweck das
Umfeld der Betroffenen zum Beispiel mit falschen Tatsachenbe-
hauptungen gegen sie aufgewiegelt wurde. Zum Ende der DDR
gab es 174.000 aktive IM.

Ministerium für Staatssicherheit (MfS)

Das Ministerium für Staatssicherheit (MfS oder Stasi) verstand
sich als „Schild und Schwert der Partei". Seine Aufgabe war die
umfassende Sicherung der Macht der SED mithilfe eines engge-
strickten Überwachungsnetzes. Das MfS stand weder unter juristi-
scher noch unter parlamentarischer Kontrolle. Es war nur dem Politbüro und dem SED-Generalsekretär verantwortlich. Zur Aufdeckung „antisozialistischer Umtriebe" sowie zur Entlarvung als
„Diversanten" oder „imperialistische Feinde" der DDR bezeichnete tatsächliche oder vermeintliche Gegner des SED-Regimes verfügte es über einen immensen Überwachungsapparat (zum Beispiel für die Kontrolle des Post- und Telefonverkehrs) und über eigene Gefängnisse. Zur Erfüllung seiner Aufgaben schreckte es auch
vor Mord nicht zurück und sorgte dafür, dass Zigtausende un-
schuldiger politischer Gefangener und Ausreisewilliger oft jahrelang in Gefängnissen verbringen mussten. Es setzte im Laufe der
vierzigjährigen DDR-Geschichte rund 600.000 Inoffizielle Mitarbeiter zur Bespitzelung der eigenen Bürger ein und verfügte ebenso über ein Spionagesystem im Westen. Im Herbst 1989 waren für
das MfS 91.015 Mitarbeiter hauptamtlich und 174.000 IM tätig.
Mehr als 30 Jahre stand Erich Mielke an der Spitze des MfS.

Nationaler Verteidigungsrat (NVR)

Der Nationale Verteidigungsrat (NVR) hatte als Zuständigkeit die zentrale Leitung der Verteidigungsmaßnahmen und fasste Beschlüsse zur allgemeinen oder teilweisen Mobilmachung. Vorsitzender des 1960 gegründeten Gremiums, das ausschließlich aus führenden SED-Mitgliedern bestand, war ein Generalsekretär, der faktisch vom Generalsekretär der SED bestimmt wurde. Im Kriegsfall unterstand dem NVR die Nationale Volksarmee.

Nationale Volksarmee (NVA)

Die Nationale Volksarmee (NVA) war von 1956 bis 1990 die Armee der DDR. Sie unterstand in Friedenszeiten dem Minister für Nationale Verteidigung und im Kriegsfall dem Nationalen Verteidigungsrat. Sie hatte zuletzt 155.000 Angehörige. Im Gegensatz zum Strategiekonzept der westdeutschen Bundeswehr war die NVA-Strategie aggressiv ausgerichtet. So wurde beispielsweise bei Manövern die Besetzung westdeutschen Gebietes geübt. Die NVA, die unter massiver Förderung der Sowjetunion aufgebaut wurde und in der analog zur Bundeswehr auch ehemalige Generäle und Offiziere der Wehrmacht wirkten, hatte unter den anderen Mitgliedsstaaten des Warschauer Paktes (dem militärischen Bündnis unter sowjetischer Führung) aufgrund ihrer Manöverleistungen ein guten Ruf. Die NVA wurde 1990 aufgelöst.

Politbüro des Zentralkomitees der SED

Formal war das Politbüro lediglich ein Arbeitsausschuss des Zentralkomitees der SED (ZK). Faktisch war es aber das alles entscheidende Machtzentrum der SED und damit der DDR. Eine demokratische Kontrolle fand nicht statt. Das ZK bestimmte nur formal die Mitglieder des Politbüros. In Wirklichkeit wurden sie vom Generalsekretär der SED, der zugleich dem Politbüro vorstand, berufen. 1989 hatte das Politbüro 21 Mitglieder und fünf Kandidaten. Dazu gehörten die zwölf ZK-Sekretäre, die als „Geschäftsführer" bestimmte Bereiche des ZK-Apparates kontrollierten, sowie die Vorsitzenden des Nationalen Verteidigungsrates und der Massenorganisationen. Es gab während des vierzigjährigen Bestehens der DDR mit Walter Ulbricht und Erich Honecker nur zwei Generalsekretäre.

Sowjetisch Besetze Zone (SBZ)

Unter Sowjetisch Besetzter Zone (SBZ) versteht man die sowjetische Besatzungszone, die in der Zeit vom Ende des Zweiten Weltkrieges bis zur Gründung der DDR am 7. Oktober 1949 bestand. Neben der sowjetischen gab es im besiegten Deutschland bis zur Bildung der Bundesrepublik im Mai 1949 die amerikanische, britische und französische Besatzungszone. Berlin wurde ebenso in vier Zonen aufgeteilt. Die Besatzungsmächte setzten in ihren Herrschaftsgebieten jeweils ihre Vorstellungen über die Zukunft Deutschlands durch. Während im Westen eine Demokratie mit sozialer Marktwirtschaft entstand, wurde in der SBZ eine sozialistische Diktatur nach sowjetischem Vorbild errichtet. Dazu gehörten die Gründung der SED (aus der Zwangsvereinigung von SPD und KPD) mit ihrem totalitären Machtanspruch ebenso wie die massenhafte Enteignung von Grundbesitzern und die Inhaftierung Zigtausender politischer Gegner in sowjetischen Lagern, die zum Teil in den ehemaligen Konzentrationslagern der Nationalsozialisten eingerichtet wurden.

Volkskammer der DDR

Die Volkskammer war in keiner Weise mit dem Bundestag vergleichbar. Sie setzte sich aus Mitgliedern der SED, der Blockparteien und der Massenorganisationen nach einem festgesetzten Zahlenverhältnis zusammen. Von freien Wahlen durch die Wahlberechtigten konnte keine Rede sein. Das Gremium trat nur wenige Male im Jahr zusammen und war nicht mehr als ein Zustimmungsorgan für die politische Führung. Die Abstimmungsergebnisse fielen einstimmig aus. Das änderte sich erst mit den ersten und einzigen freien Wahlen im März 1990 in der DDR.

Zentralkomitee der SED

Das Zentralkomitee (ZK) der SED war formal das höchste Gremium der Partei zwischen den Parteitagen. Die tatsächliche Macht lag allerdings beim Politbüro und dem Generalsekretär. Das ZK wuchs von zunächst 51 Mitgliedern und 30 Kandidaten auf zuletzt 165 Mitglieder und 57 Kandidaten an. Sie wurden vom Parteitag bestimmt. Von einer freien Wahl konnte allerdings keine Rede sein. Zu den ZK-Mitgliedern zählten alle Mitglieder des Politbüros sowie führende Vertreter der Massenorganisationen, Minister und einige Vertreter des Ministeriums für Staatssicherheit. Es tagte zunächst viermal, später nur noch zweimal jährlich. Formal bestimmte es die Mitglieder des Politbüros.

Auswahl verwendeter Literatur

Bauernkämper, Arnd: Die Sozialgeschichte der DDR. (Enzyklopädie Deutscher Geschichte, Bd. 76), München 2005.

Bundesministerium für innerdeutsche Beziehungen: Zahlenspiegel Bundesrepublik Deutschland / Deutsche Demokratische Republik. Ein Vergleich. Bonn ^{3}1988.

Bundeszentrale für politische Bildung (Hrsg.): Der Weg zur Einheit. Deutschland seit Mitte der achtziger Jahre. (Informationen zur politischen Bildung, Nr. 250), Bonn ^{1}1996, neu überarbeitet ^{2}2005.

Deutz-Schroeder, Monika / Schroeder, Klaus: Soziales Paradies oder Stasi-Staat. Das DDR-Bild von Schülern – ein Ost-West-Vergleich. (Studien zu Politik und Geschichte, Bd. 6. Berlin), München 2008.

Diedrich, Torsten / Ehlert, Hans / Wenzke, Rüdiger: Im Dienste der Partei. Handbuch der bewaffneten Organe der DDR. (Forschungen zur DDR-Gesellschaft), Berlin 1998, Augsburg 2004.

Eckert, Rainer: Was stimmt? DDR. Die wichtigsten Antworten. Freiburg 2007.

Eisenfeld, Bernd / Engelmann, Roger: 13.8.1961: Mauerbau. Fluchtbewegung und Machtsicherung. (Mit einem Vorwort von Marianne Birthler). Bremen 2001, Berlin (durchgesehene und korrigierte Auflage) ^{2}2001.

Eppelmann, Rainer / Möller, Horst / Nooke, Günther / Wilms, Dorothee, (Hrsg.): Lexikon des DDR-Sozialismus. Das Staats- und Gesellschaftssystem der Deutschen Demokratischen Republik. 2 Bände, Paderborn, München, Wien, Zürich 1996, 1997, 1999.

Fischer, Alexander (Hrsg.): Ploetz – Die DDR. Deutsche Demokratische Republik. Daten, Fakten, Analysen (unter Mitarbeit von Katzer, Nikolaus, aktualisiert von Bedürftig, Friedemann). Köln (aktualisierte Auflage) 2004.

Gieseke, Jens: Die DDR-Staatssicherheit. Schild und Schwert der Partei. (Bundeszentrale für politische Bildung (Hrsg.): Reihe Deutsche Zeitbilder). Bonn 2000.

Joseph, Detlef: Nazis in der DDR. Die deutschen Staatsdiener nach 1945 – woher kamen sie? Berlin 2002.

Judt, Matthias (Hrsg.): DDR-Geschichte in Dokumenten. Beschlüsse, Berichte, interne Materialien und Alltagszeugnisse (Forschungen zur DDR-Gesellschaft), Berlin 1997, (Schriftenreihe der Bundeszentrale für Politische Bildung, Band 350), Bonn 1998.

Kappelt, Olaf: Braunbuch DDR. Nazis in der DDR, Berlin 2009

Knabe, Hubertus: Die Täter sind unter uns. Über das Schönreden der SED-Diktatur. Berlin 2007.

Mählert, Ulrich: Kleine Geschichte der DDR: 1949–1989. München 1998, (überarbeitet) ^{5}2006.

Materialien der Enquete-Kommission „Aufarbeitung von Geschichte und Folgen der SED-Diktatur in Deutschland" (12. Wahlperiode des Deutschen Bundestages, hrsg. vom Deutschen Bundestag; 9 Bände in 18. Teilbänden), Baden-Baden 1995.

Mülller, Uwe / Harmann, Grit: Vorwärts und nicht vergessen. Kader, Spitzel und Komplizen. Das gefährliche Erbe der SED-Diktatur. Berlin 2009

Schröder, Richard: Die wichtigsten Irrtümer über die deutsche Einheit. Freiburg 2007.

Schroeder, Klaus: Der SED-Staat. Partei, Staat und Gesellschaft 1949–1990. München 1998.

Schwan, Heribert: Erich Mielke. Der Mann, der die Stasi war. München 1997.

Steiner, André: Von Plan zu Plan. Eine Wirtschaftsgeschichte der DDR. München 2004, (Schriftenreihe der Bundeszentrale für politische Bildung, Band 625), Bonn 2007.

Steiner, André: (Hrsg.): Überholen, ohne einzuholen. Die DDR-Wirtschaft als Fußnote der deutschen Geschichte? Berlin 2006.

Taylor, Frederick: Die Mauer. 13. August 1961 bis 9. November 1989. München 2009.

Weber, Hermann: Geschichte der DDR. München 1985/1999; Erftstadt ^{2}2004.

Weber, Jürgen (Hrsg.): Illusionen, Realitäten, Erfolge. Zwischenbilanz zur Deutschen Einheit. München 2006.

Werkentin, Falco: Recht und Justiz im SED-Staat. (Bundeszentrale für politische Bildung (Hrsg.): Reihe Deutsche Zeitbilder), Bonn [2]2000.

Winkler, Gunnar (Hrsg.): Sozialreport '90. Daten und Fakten zur sozialen Lage der DDR. Berlin (Ost) 1990.

Wolle, Stefan: Die heile Welt der Diktatur. Alltag und Herrschaft in der DDR 1971–1989. Berlin 1998, 2001; (Schriftenreihe der Bundeszentrale für politische Bildung, Band 349), Bonn 1999.

Horst Pötzsch
Deutsche Geschichte
von 1945 bis zur Gegenwart

336 Seiten, Paperback
ISBN 978-3-7892-**8157**-0
€ 19,90

Das vorliegende Buch gibt einen knappen Überblick über 60 Jahre deutscher Geschichte seit 1945. Bis zur Einheit im Jahr 1990 wurde die Geschichte der beiden deutschen Staaten separat geschrieben, danach konnte es jedoch keine Teilbetrachtung mehr geben.

In der unmittelbaren Nachkriegszeit waren die Verbindungen zwischen den deutschen Gebieten, die jeweils unter alliiertem bzw. sowjetischem Einfluss standen, noch so eng, dass dieser Zeitabschnitt als gemeinsame Geschichte aufgefasst werden konnte. Nach der Gründung von BRD und DDR musste deren jeweilige Geschichte innerhalb der einzelnen Perioden getrennt dargestellt werden, wenn auch den Wechselbeziehungen zwischen den beiden deutschen Staaten besondere Aufmerksamkeit geschenkt wird, so dass über weite Strecken dennoch gesamtdeutsche Geschichte geschrieben wird. Der Entwicklung beider Teilstaaten wird etwa gleichviel Umfang gewidmet. Die beiden Schlusskapitel zeichnen die Geschichte des vereinten Deutschlands nach.

Das Buch ist für zeitgeschichtlich Interessierte ohne besondere Vorkenntnisse bestimmt, es ist allgemeinverständlich geschrieben und kommt ohne Fachsprache aus.

Der Autor: **Horst Pötzsch** war lange Jahre Abteilungsleiter in der Bundeszentrale für politische Bildung in Bonn und Chefredakteur der »Informationen zur politischen Bildung«. Zu seinen Veröffentlichungen zählen „Die deutsche Demokratie" und die im Olzog Verlag erschienene »Deutsche Geschichte nach 1945 im Spiegel der Karikatur«.